遇见陶行知

陶行知及其友人徽州教育遗存

《遇见陶行知》编委会 编

黄山书社

图书在版编目（CIP）数据

遇见陶行知：陶行知及其友人徽州教育遗存/《遇见陶行知》编委会编；黄建敏主编. 合肥：黄山书社，2024.7
ISBN 978-7-5737-1296-7

Ⅰ.G40-092.6

中国国家版本馆CIP数据核字（2024）第AA8472号

遇见陶行知：陶行知及其友人徽州教育遗存　　《遇见陶行知》编委会 编

出 品 人 葛永波
责任编辑 向 淼
装帧设计 赵新宇　钱志刚
出版发行 黄山书社
地址邮编 安徽省合肥市蜀山区翡翠路1118号出版传媒广场7层　230071
印　　刷 安徽联众印刷有限公司
版　　次 2024年7月第1版
印　　次 2025年1月第2次印刷
开　　本 700 mm×1000 mm　1/16
字　　数 200千字
印　　张 15.25
书　　号 ISBN 978-7-5737-1296-7/01
定　　价 46.00元

服务热线　0551-63533706

销售热线　0551-63533761

官方直营书店（https://hsss.tmall.com）

捧着一顆心来
不帶半根草去
新安小學同志
陶知行題

愛滿天下

行知

序

陶侃

受安徽省黄山市广播电视台的邀请和委托，我很荣幸地担任了《遇见陶行知》编委会顾问，并为本书作序，在此我谨向黄山广电台表示诚挚的感谢。自黄建敏同志担任黄山广播电视台党委书记、台长以来，黄山广电台和我便开启了亲密无间的联动之路。一讲到我的曾祖父陶行知，读者的第一反应一定是教育。如今，黄山市的主流媒体致力于陶行知事迹和教育思想的传播，并且辐射到长三角乃至全国，我认为这是具有特别意义的。黄建敏同志策划的“十二个一”（**编者注：“十二个一”是黄山市广播电视台陶行知红色党建品牌“十二个一”工程项目的简称**）令我深受感动和鼓舞，其中的“一个一”就是这本书，在此，我对本书的出版表示衷心的祝贺。

本书主要内容分为“陶行知徽州遗存”“陶行知徽州友人遗存”“陶行知徽州教育遗存”“陶行知徽州故事”四个篇章。书中说的人和事，我在研究曾祖父陶行知的生平事迹时看到过，也曾经听父辈们讲起过。陶行知少年时期的老师有方庶咸、吴尔宽、王藻、唐进贤等。陶行知从小家庭贫寒，为什么在那个年代能读得起书呢？是因为这些老师慧眼识珠、乐善好施。这也为陶行知后来推行平民教育、公益教育埋下了种子，埋下了“爱满天下”的种子。陶行知的同窗有姚文采、洪范五等，同乡有程宗泗、许士骐、方与严等，他们都与陶行知结下了深厚的友谊，成为他教育事业上的知己。陶行知去世后所留存下的手模和脸模，就是许士骐先生制作的。

如今从书里再看到这些事迹，令我深深感叹，感叹的是，曾祖父能成为“伟大的人民教育家”，离不开徽州优秀传统文化对他的哺育；离不开一位位学识渊博、乐善好施的老师对他的教诲；离不开志同道合的朋友们对他的帮助；离不开家人们对他默默的支持。

曾经在一次采访中，有位记者问了我一个问题：“陶行知先生一生到过很多地方，哪处的印象令你最为深刻？”我的回答是：“黄山的崇一学堂。”当年曾祖父在崇一学堂读书时，在宿舍的墙壁上写下了他的志向：“我是一个中国人，要为中国作出一些贡献。”每次来到崇一学堂，我都心潮澎湃，在这里自我反思，在这里与曾祖父对话。我认为，如果没有徽文化，没有这些老师的启蒙和点拨，没有同窗好友们的探讨和交流，曾祖父未必会有如此心系国家民族的爱国主义精神和伟大抱负！

最后，本书所写到的人物故居和教育遗存，今后我也会逐一拜访。真挚地希望关注本书的读者们，能常到黄山考察、学习和交流，特别是到本书所提到的各个地方走一走，追寻先贤的足迹，感受文化的魅力，传承文明的薪火。

是为序。

注：作者系陶行知先生曾孙，《陶行知学刊》主编、上海市陶行知纪念馆副馆长。

序二

黎小强

当下，黄山、徽州两个顶流IP强势出圈，加快推进大黄山世界级休闲度假康养旅游目的地建设。毋庸置喙，在“大黄山”广袤苍穹上，陶行知IP同样自带超强流量。《遇见陶行知》探幽发微，披沙拣金，系统讲好“伟大的人民教育家”陶行知的徽州故事，让一抹“陶红”更惊艳世人，让陶行知IP建功新时代，功在不舍，用心良苦。

用心良苦者，是历史自信、历史主动、历史担当的有力展示。历史的天空中，有流星瞬间滑落，亦有恒星永不湮灭。在徽州乃至全国，陶行知的教育思想、人格魅力震古烁今。开发陶行知IP，对文旅融合高质量发展不可小觑。基于这样的历史自信，书中遍布考证史料真伪的细致入微，一封信、一个时间节点、一段对话，皆极力还原历史真相。4处陶行知徽州遗存、10处陶行知徽州友人遗存、13处陶行知徽州教育遗存、18个陶行知徽州故事，生动再现，是历史担当的无声诠释。

用心良苦者，是书中一个个片段精心呈现，立体演绎陶行知的“红”“廉”“爱”。“1930年4月蒋介石亲下密令，缉拿陶行知并查封晓庄师范。当晚，住在姚文采家的陶行知从匆忙赶来的友人口中得知消息，立意以身殉职”——其“红”甚殷；“陶行知有文赞之：‘吾母治家，最为勤俭，连剃头都是她一人包办。这把剃刀现在是成了我们最可纪念的传家宝了。她剃过父亲的头，剃过我的头，剃过桃红、小桃、三桃、蜜桃的胎头。’”——其“廉”可鉴；“最后一个展区，展出举国听闻陶行知逝世后的悼念活动。其中有老一辈革命家以及各界著名人士的题词和挽联，海内追悼先生逝世的照片，53个人民团体为他公葬的悲壮场景，以及两千多人自动送葬，沿途农民自发路祭的动人画面”——其“爱”广泽。

用心良苦者，更是一个“心中有信仰，脚下有力量”的陶研团队。他们披星戴月、风雨兼程，奔赴一处处陶行知的徽州遗存，追寻，梳理，思辨，掌青灯，著长卷，终有该书面世，是一次“行知合一”教育思想的生动实践。他们心中，“大黄山”的蓝图在澎湃。他们脚下，一条征途大道无垠。聚焦打造陶行知IP，力促创造性转化、创新性发展，“十二个一”渐次蛟龙腾渊：一片，纪录片《行知在屯溪、休宁、歙县》；一课，教育部或省教育厅、中宣部或省社科联课题及课件；一融合，归集融入长三角资料；一图，行知红色研学文化地图；一品牌，廉政和党建品牌；一书，《遇见陶行知》电子图书；一活动，每年10月18日纪念陶行知系列活动；一剧，《爱满天下》广播剧；一提案，政协委员有关建设陶行知廉政教育数字馆提案；一个委员工作室；一个专栏，在黄山广电台文旅频道开设专栏，讲好陶行知故事；一个基金会，筹建安徽陶行知教育基金会，表彰扎根在乡村的教育工作者。

繁霜尽是心头血，洒向千峰秋叶丹。“我以至诚之意敬告我们最敬爱的父老兄弟姐妹：我们千万不要辜负新安大好山水，我们要把我们一个个的小生命捧出来，造成徽州的伟大的新生命。”诵读书中陶子《给徽州同乡的公开信》，一干用心良苦者勇毅前行的身影在闪烁。“大黄山”上，红叶翩跹，鸾凤呈祥。

前言

黄建敏

黄潭源村距歙县县城约4公里，清澈的丰乐河从村旁静静流过，南边屹立着青葱的屏风山。伟大的人民教育家陶行知先生便诞生于此。

据考，陶行知的祖籍故地系浙江省绍兴县陶家堰，他本人的籍贯为安徽歙县。陶氏祖上由浙迁歙的时间为明正德五年（1510），自始祖“明子公”起至陶行知这一世止，共十六世。陶氏定居黄潭源后，筑草房，修建五柳堂，草房之畔称五柳巷（俗名陶家巷）。陶行知1917年留美归国之后，仍带有陶氏田园诗人的质朴与潇洒，将晓庄山麓里新造的茅庐取名为“五柳村”。

咸丰、同治之际，太平军与清军在徽州进行了长达 10 年的战争，战争几乎将辉煌一时的徽州文明摧毁殆尽，黄潭源村也渐趋衰落。到陶行知祖父时，家中仅剩下一亩一分耕地，其祖父被迫到屯溪一个酱园当学徒。陶行知就出生在这样一个家道中落的家庭。他从小跟随父母种田、种菜、种瓜、砍柴，磨炼意志，养成劳动习惯，并由此加深了对劳动人民的情感。他在给妹妹的信中写道：“我本来是一个中国的平民，无奈十几年的学校生活渐渐把我向外国的贵族的方向转移”，“好在我的中国性、平民性是很丰富的……经过一番觉悟，我就像黄河决了堤，向那中国的平民路上奔流回来了。”这种“流回”的力量，源于陶行知少年时的平民生活。

一个名不见经传的小乡村孕育出一位举世闻名的教育家，绝非偶然。

回顾他的成长足迹，我们不难发现，在徽州文化大背景下，陶行知朋友圈对他的作用和影响。

陶行知父亲陶位朝是位秀才，父亲既带他劳动，又教他识字，是他的第一任老师。陶行知6岁时被蒙童馆方庶咸老师免费招收，8岁转学到休宁县万安街吴尔宽经馆读书，11岁时回到黄潭源村，在父亲指导下自学，并从事轻体力劳动。12岁经亲友介绍，拜歙县徽城镇上路街的程朗斋为师。他每天清晨先上山砍一担柴挑到城里，卖完再赶到程宅上学。当时，歙县有位学问较好的贡生王藻老先生，受聘在距黄潭源村七八公里的航埠头曹家任教，陶行知常步行到曹家经馆登门求教。15岁时，陶行知被崇一学堂的英籍校长唐进贤赏识，得以免费进入洋学堂读书。方庶咸、吴尔宽、程朗斋、王藻、唐进贤等几位老师，是对陶行知影响较早的启蒙者。

1909年秋至1914年夏，陶行知在汇文书院和金陵大学度过了他一生中难以忘怀的青春岁月。1914年8月，陶行知、陈鹤琴等100余名学生同船赴美留学，带队老师便是清华学校校长周诒春，周诒春的祖籍在休宁蓝田。

陶行知的徽州同学中，日后有许多人与他共同奋斗在教育一线，也为他日后办学提供了很多帮助和支持。

在吴尔宽经馆，与陶行知一起习读的有汪鸿熙、方竹如等12位同学。在崇一学堂，陶行知的同学有姚文采、江粹青、程家庚、章文美、章文启、汪邦镐、汪邦嵘、朱家治、汪嵩祝、洪范五、程祖贻、汪邦钊、汪邦祁、汪邦钧、张枝一、汪采白等18人。其中，陶行知与洪范五、姚文采同住一个寝室，交往密切。

姚文采，歙县深渡九砂人，经陶行知引荐，1917年，姚文采在东南大学任教。自1923年起，姚文采在南京安徽中学（**初称安徽公学，南京六中前身，陶行知曾任校长**）“师陶”治学……足迹所至，无不与陶行知相关。

洪范五，休宁县万安镇人，被誉为“中国图书馆事业的拓荒者”。洪范五与陶行知儿时都在万安古城岩下、水蓝（南）桥边读私塾（洪在吴华甫塾馆、陶在吴尔宽私塾），后同在崇一学堂就读。

汪采白，歙县人，王茂荫曾外孙，陶行知同学，新安画派传人，曾任安徽省立第二中学校长。

胡适，绩溪县上庄村人，与陶行知是同乡同龄同学，两人同年进入哥伦比亚大学读书，同为美国哲学家、教育家杜威的高足。回国后，一北一南在高等学府任教，各自在新文化和新教育领域开拓出一片新天地。

在陶行知办学过程中，徽州同乡支持者众，陶行知也因此而得以普及办学理念与实践。

程宗泗，休宁县湖边村（今属黄山市屯溪区）人，清末赴日本早稻田大学攻读政治学。1921 年，陶行知、洪范五、胡晋接、方新等人积极筹办省立第四女子师范学校，在时任省教育厅厅长江彤侯的支持下，选定校址于戴震故里隆阜三门里吴树德堂。陶行知推荐程宗泗为首任校长。创办之初，陶行知多次致函程宗泗，指导四女师的规划建设，并派专人送长城砖一块，为建校奠基。

方新，婺源县人。陶行知曾致电安徽省政府，举荐方新任歙县省立三中校长。方新离开三中，在省教育厅短期任事后到南京找陶行知，希望在晓庄学校工作。陶行知建议他回婺源办教育。后来，陶行知推荐他到婺源县任教育局局长。到任后，方新把普及教育列为头等大事，一个月内，走遍全县城乡，大力推广《平民千字课》，普及平民教育。

方与严，歙县王充人，陶行知的得力助手、陶行知教育思想的忠实实践者和最早宣传者。他曾被陶行知派往杭州的湘湖师范，以晓庄为榜样办学，使湘湖师范以“浙江的晓庄”而闻名全国，后被陶行知召回晓庄任校务主任。中华人民共和国成立，方与严参加了开国大典。

汪达之，黟县碧山人，1930 年受陶行知派遣，前往苏北淮安任新安小学校长。

张曙，歙县坑口乡柔川村人，曾应陶行知邀请，到晓庄师范演出、任教数月。

叶元龙，歙县溪头镇蓝田村人，任重庆大学校长期间，邀请陶行知到重庆大学演讲。

方梦樵，歙县烟村人，1933年受陶行知教育思想影响，募资创办歙县礼义乡完全小学。

吴筱竹，休宁万安人，曾在无锡工厂推行陶行知平民教育。抗战爆发后，他率100多名青少年辗转来到休宁，坚持办学。

许士骐，歙县人，早年毕业于上海美术专科学校，师从粉画大师李超士。南京晓庄师范初创时，许士骐欣然应邀担任学生指导教师，与陶行知成为好友。陶行知晚年在上海组织民主活动时，许士骐常伴左右。陶行知逝世时，受郭沫若和陶行知家属委托，许士骐当夜为陶行知拓制面模、手模，供后人凭吊纪念。在陶行知逝世的第二年，许士骐回到故乡，在爱心人士资助下，利用祖宅办起了一所义务小学——歙县私立行知小学，这是当时全国第一所以陶行知名字命名的小学。

著名教育家黄炎培是黟县女婿，其夫人姚维钧祖籍黟县。民国时，黄炎培数次到徽州黄村小学、休宁中学等校考察。黄炎培与休宁商山人孙起孟为好友，共同致力于发展中华职业教育。陶行知与黄炎培亦师亦友。1946年陶行知逝世后，黄炎培与沈钧儒等人组织上海各界人士召开追悼大会，黄炎培还与沈钧儒、马叙伦、茅盾、陈鹤琴等人陪祭。当年12月4日，黄炎培又与沈钧儒、翦伯赞等人护送陶行知灵柩到晓庄公葬。

陶行知及其友人的遗存很多，与他们相关联的教育遗存也很多，且绝大部分保存完好。这些遗存十分珍贵，其背后都站着一位或多位教育名家，蕴藏着丰富的教育故事，是徽州教育人精神传承的物质载体，具有独特的

陶行知先生出生地歙县黄潭源村（摄于 1984 年）

价值。我们可以这些百年老校、名师故居为依托，设计行知研学线路，开展行知研学，上好现场微课，讲好行知故事，这也是我们编辑出版本书的主要目的。

目　录

陶行知徽州教育遗存

陶行知徽州故事

陶行知

徽 | 州 | 遗 | 存

崇一学堂与陶行知纪念馆

张艳婷

青山不墨千秋画，绿水无弦万古琴。徽州，是质朴的，也是精致的；是山水的，更是人文的。陶行知，一位从徽州走出来的先贤，深耕教育、爱满天下，他以赤子之忱表达的思想和实践，引领着近现代中国教育的发展。

崇一学堂是陶行知的少年读书处。它坐落在国家历史文化名城歙县的小北街上，东眺问政山，南瞰长庆塔，西邻许国牌坊，北靠斗山街，是伟大的人民教育家陶行知梦开始的地方。

崇一学堂建于清光绪年间，是典型的徽派建筑，坐东朝西，粉墙黛瓦。一层为教学区，二层是宿舍区，整个学堂占地面积150多平方米，建筑面积100平方米以上。外观是高墙深院，醒目别致，在绿树繁花的掩映下，更显幽雅知性；内部是三间两进的格局，由门厅、天井、厅堂、照壁组成，敞亮高大的天井、粗犷厚重的冬瓜梁，自有一派徽州传统建筑的风骨气韵。

据《新安陶氏族谱》记载，陶行知的祖籍故地系浙江省绍兴县陶家堰，他本人的籍贯为安徽歙县。陶行知的始祖，后人尊称为“明子公”。陶氏祖上由浙迁皖的时间为明正德五年（1510），最初迁居新安新桥处（即徽歙之西古溪），到十一世舜廷公时，又迁至歙县西乡黄潭源。从明子公到陶行知这一世止，共16世。陶行知父亲名长生，字位朝，号筱山（即“笑山”）。陶行知原名陶文濬，字世昌。他有一姊一妹，姊名宝珠，幼殇；妹名美珠，又名文渼。

19 世纪下半叶，西方传教士逐步深入内地活动。内地会是安徽境内较早的教会组织，1869 年至 1885 年，内地会先后在安庆、宁国、池州、歙县设立四个总堂。歙县崇一学堂便是这种教会势力扩张的产物，堂长由教堂牧师唐进贤兼任，学制三年。

1906 年，15 岁的陶行知跨入崇一学堂，这是他人生关键的一步。由于家境贫寒，常年靠砍柴卖菜为生，通过学堂翻译兼老师章觉甫的介绍，陶母曹翠仂得以到崇一学堂做帮佣补贴家用。少年陶行知经常去帮母亲干活，被堂长唐进贤遇见并赏识，而免费入堂学习。

崇一学堂开设的课程包括英文、算术、格致、地理、音乐、医药常识等。陶行知在崇一学堂的同学有姚文采、江粹青、程家庚、章文美、章文

崇一学堂，陶行知与姚文采、洪范五同一宿舍

启、汪邦镐、汪邦嵘、朱家治、汪嵩祝、洪范五、程祖贻、汪邦钊、汪邦祁、汪邦钧、张枝一、汪采白等18人。其中，陶行知与休宁万安的洪范五、歙县九砂的姚文采同住一个寝室，三人结下了深厚的同窗情谊。他们的宿舍，明亮紧凑、整洁雅致，墙上还有陶行知写下的那句铿锵话语："我是一个中国人，要为中国做出一些贡献。"

为了纪念陶行知先生，1981年安徽省委省政府批准在崇一学堂旧址修建陶行知纪念馆，1984年开馆。后经两次扩建，于2003年重新开馆，目前占地1700平方米，建筑面积3600平方米。

光阴悄然留香，岁月安然无恙。歙县中和街98号，大隐于市的"陶行知纪念馆"1984年开馆时，由时任中共中央总书记胡耀邦题写馆名。步入正厅，展现陶行知风范的塑像坐落中央，他和蔼亲切，面带笑容，手持书卷，似在跟学生娓娓而谈。梁柱上的"捧着一颗心来，不带半根草去"以及"千教万教教人求真，千学万学学做真人"两副对联，集中体现了陶行知的人生追求和教育思想。

大厅四壁的巨型组合漆雕画，鲜明形象地表达了陶行知的人生实践和教育成就：东侧第一幅为"求知立志"，第二幅为"小先生制"，西侧第一幅为"因材施教"，第二幅为"爱满天下"。四幅壁画，生动形象地表达了陶先生由"知行"到"行知"的思想转变过程。

二楼的学陶厅，通过实物、图版和电化声像，让我们看到陶行知先生在民族解放运动、民主革命运动和新教育运动中"与时俱进、敢为人先"的卓越贡献。首先通过声化画面，让人目睹陶行知童年生活的环境——新安山水的养育、徽州文化的影响，以及家乡人民的生活状况，是这些使少年陶行知立下"为一大事来，做一大事去"的远大抱负。第二至第七展区，系统介绍了陶行知在平民教育、乡村教育、普及教育、国难教育、战时教育、民主教育六个时期的主要事迹，概括了陶行知先生的教育实践、教育理论

世師表
宋慶齡
偉大的人民
1891—1946

萬
捧着一顆心来

和教育贡献。

1996 年，陶行知纪念馆被国家教委等六个部委命名为“全国中小学爱国主义教育基地”；1997 年，被中共中央宣传部命名为“全国爱国主义教育示范基地”。

民国之风骨，教育之先师。陶行知，从徽州的田野深处走来，在波澜壮阔的历史洪流里，为国奔走，为民呐喊。回到故事开始的地方，我们在徽州遇见陶行知，也在徽州怀念陶行知。山河万里，鸿鹄少年志四方；此情可待，历尽千帆归故乡。

陶行知的故乡调查

鲍义来　姚新吾

家　世

陶行知祖上迁居安徽歙县西乡黄潭源后，没建宗祠，只修了一座简陋的小屋，为勉励后代学习陶渊明的为人气节，而名之为“五柳祠”，此名一直延续到中华人民共和国成立。现在五柳祠已不存在，但还有一条五柳巷（又称陶家巷）。后来陶行知在南京晓庄办学校，把自己的住址称为五柳村，以寄乡思。

到了陶行知祖父时，家境越发没落，只有少许田地，曾在休宁县万安镇经营酱园，现万安街上黄乾发家的墙上“亨达官酱园”几个墨写大字，虽经风剥雨蚀，仍依稀可见。这就是陶家酱园旧址。

陶行知的父亲陶长生，字位朝（一说字槐卿），号笑山（筱山）。酱园破产后，陶长生回到黄潭源村务农，靠几亩薄田为生。他粗通文墨，一度到乡镇管理文书契约。陶行知的母亲曹翠仂，祖籍绩溪，后随父母迁居休宁万安镇。她是一位慈祥的母亲，勤俭持家的能手，无论田地劳动，还是家务操作，样样能干，甚至还能给丈夫和儿孙们理发，在当地留有“一把剃刀剃了三代头”的美谈。

陶行知在南京读书时，父母、妹妹也迁居南京，家中留下祖母、婶母和堂弟。由于家境困难，住房折卖他人，祖母等租住在一个叶姓人家。祖母去世时，因无钱安葬，暂存厝所。后来还是陶行知筹资寄来，祖母灵柩方得下葬。

求 学

陶行知生于 1891 年 10 月 18 日，即清光绪十七年九月六日，小名和尚，开蒙后，取名陶文濬。

陶文濬幼时敏而好学，5 岁虽未开蒙，却已能把看到的对联描摹出来。私塾先生方庶咸甚以为奇。方庶咸所在的旸村与黄潭源毗连，黄潭源村的学童都在旸村就读。陶文濬家境贫寒，无力承担他读书的费用，方秀才愿意免费教他，因而他 6 岁时即入塾就读。父亲陶槐卿有一定的古文根底，也亲自教子读书识字。陶文濬肯用功，记忆力又好，三刻钟就能熟背《左传》四十三行，父母对他寄予厚望。

陶文濬 8 岁的那年春节，父亲带他到万安去看望开豆腐坊的外公外婆。两位老人把他留在万安吴尔宽经馆读书。（编者注：据《陶行知年谱长编》，1898—1899，7 岁。外祖父母喜其聪慧，刻意培养，转学到休宁县万安街吴尔宽经馆读书）陶文濬 11 岁回到黄潭源村，失学在家，在父亲指导下自学，同时帮助家里做些事。

陶文濬去县城卖柴、送菜，常去教会办的崇一学堂看望在那里帮佣的母亲，受到学堂堂长唐进贤（英国人）的赏识和同情，而得以在崇一学堂免费就读，这一年陶文濬 15 岁。该校是一所不分初高中的中等教会学校，课程有英文、算术、格致、地理、音乐、医药常识等。

陶文濬发奋好学，三年的课程，两年读完，提前毕业。

1908 年春天的一个早晨，陶文濬在休宁万安辞别了外公外婆，搭上了一艘驶往杭州的帆船。到了杭州，他以优异成绩考进了广济医学堂。然而仅仅入学 3 天，他就因不满校方歧视不信教学生，愤而退学。后陶文濬返

休宁县万安街陶行知启蒙馆内景

回歙县，拜严达为师，专心自修英语一年。

在唐进贤的帮助推荐下，1909 年秋，陶文濬考进了南京汇文书院预科班。次年春，汇文书院与南京宏育书院合并，成立金陵大学，陶文濬升入金陵大学文科。1912 年，陶文濬研究王阳明的学说，深受其“知行合一”思想的影响，又取名“陶知行”，但原名“陶文濬”仍继续使用。

1914 年 6 月，陶行知以学业成绩第一名的身份参加毕业典礼，接受美国纽约州立大学（教育行政部门）文科学士文凭，并在毕业典礼上宣读毕业论文《共和精义》。

1914 年 8 月 15 日，陶行知乘“中国号”邮轮赴美留学。他先入伊利诺伊大学学习市政，获得政治学硕士学位，1915 年秋转入哥伦比亚大学师范学院，攻读教育学博士学位，成为杜威、克伯屈、孟禄的学生，1917 年获得哥伦比亚大学师范学院“都市学务总监”资格凭证。

立 志

陶行知生于半殖民地半封建社会的中国，因家道中落，自幼目睹各种社会不公平现象，饱尝人间疾苦，因而迫切希望改变社会现实。据陶行知表弟曹子云回忆，在他们少年时期，民主革命正在兴起，陶行知很是高兴。有一次他们在一起玩，趁曹没注意，陶行知把他的辫子给剪掉了，并说：“要革命，就不兴留辫子了！”

陶行知在崇一学堂读书时的同学张国良给我们讲了陶行知带他们砸西干十寺菩萨的事。西干十寺在歙县城西河西桥边、太白楼旁，依山傍水，是文人游览聚会的风景胜地。当时寺里面的两个当家和尚利用宗教，勾结官府，横行霸道，骗奸妇女，是地方上一害，大家对此十分愤慨，却无以治之。陶行知得知这一情况，激于义愤，就带着一班同学找寺里的住持讲理，并当众揭发了和尚的丑事。离寺时，他们余怒未息，遂将西干沿河的木菩萨全部推入河中。此举打击了恶势力，为老百姓伸张了正义。

陶行知少年时就以历史上的英雄人物为榜样，立志为振兴中华出力。他童年的朋友严坚吾告诉我们，陶行知在崇一学堂读书时，在自己的座位上贴了一幅字，上写：“大丈夫当学马援，为国为民，马革裹尸；而不要埋首寒窗，不闻世事。”这便是陶行知的座右铭，这个座右铭他身体力行了一辈子。

陶行知去杭州广济医学堂学医，最初是有感于中国贫穷落后，庸医误人，姐姐早年夭折；当时歙县西乡血吸虫病流行，给农民带来了无限痛苦，更促成了他学医的决心。但是，广济医学堂是教会办的，规定只有信教的学生才能享受免费实习两年的待遇。陶行知气愤地质问：“学校怎能规定学生信仰不同就有不同的待遇？”他宁愿离开这个学校，也不肯接受洗礼。这种信科学不信宗教、求上进不甘受辱的品格，是他能够创立一番事业而备受尊敬的一个重要的原因。

陶行知来到金陵大学后，进一步接受了辛亥革命的思想影响，积极参加革命活动，组织爱国讲演，发起爱国募捐，编写《金陵光》学报，热心宣传民族解放、民主革命思想，同时对国情民心也有了进一步的了解。在出国留学所乘轮船的机舱里，他看见工人打着赤膊浑身被烤得如同煤炭一般黑，感触很深，“简直像硝镪水刻到我的心窝里”。对工人阶级被压迫被剥削生活的同情，使他救国救民的思想有了进一步的发展。

他在美国留学，先学市政，后发现学市政只能做官，不能救国，就改攻教育。他最讨厌那些不为国家人民、只为自己的出国镀金者。他的志向是靠自己吃饭，为人民办事。他留学归国，即投身人民的教育事业，为民族解放而斗争，坚持不懈，奋斗不息，鞠躬尽瘁，死而后已，成了“一个无保留追随党的党外布尔什维克”“伟大的人民教育家”。

怀 念

青少年时代的陶行知就是一个感情丰富、讲礼貌、讲友情、具有高尚道德品质的人。他对人友善，热爱故乡，甚至对故乡的一草一木也富有感情，历久不忘。他的许多诗作都抒发了这种情感，《题黄山游记》一诗尤为强烈：“少年生长黄山边，足迹未到黄山前。”诗人由遗憾而怀念，感情不可遏止，以至“结想成梦”：“三十六峰似曾到，峰峰与结梦中缘。泰岱匡庐虽奇异，比我黄山远不及。”诗人坚信，“屈指三万六千场，归老黄山终有日”。陶先生为了民族解放奋斗一生，虽归老黄山的夙愿未偿，但他的心却始终是与故乡人民连在一起的。如支持安徽办教育，收容救济因学潮被开除的学生，致函徽州乡亲劝其让子女入学读书，支援接济贫寒学生，鼓励青少年珍视前途等。在《徽州少年回乡运动》中，他号召当年滞留宁沪的徽州知识青年回乡，办教育，开民智，兴科学，推广平民教育，改变家乡贫穷面貌，歙县第一工学团就是这样产生的。只要是对人民有益的事，他总是尽力为之。

人民纪念他，因为他做了值得人民纪念的事。陶行知1946年7月25日在上海逝世，这是人民的一大损失。噩耗传来，故乡人民格外悲痛。为了纪念他，许士骐先生等人用募捐的方式，于1947年在歙县城内贫民比较集中的上路街办起了“歙县私立行知小学”，遵照陶行知的教育思想，精心培养贫苦家庭的儿童。宋庆龄同志为此还要求国际儿童组织募捐支持。国内外许多进步团体及个人也纷纷向歙县行知小学捐赠财物，歙县旅沪同乡会还派张国良先生专程到校捐赠寒衣和进步书刊，故乡贫苦儿童获得了从未有过的温暖和精神食粮。不久，陶行知的故里黄潭源也办起了行知小学分校，方便贫苦农民子弟就近读书。歙县一解放，皖南游击队中陶行知的学生就集体去行知小学慰问全校师生。中华人民共和国成立后，这两所学校得到人民政府的关怀和支持，都改民办为公办，为国家培养了许多人才。

在歙县博物馆，珍藏着一些陶行知的手迹和资料。陶行知书赠友人“时光容易把人抛，红了樱桃绿了芭蕉”的条幅一直激励和教育着后来人。今天，我们纪念陶先生，就是要认真研究陶先生的教育思想、教育实践，学习陶先生为国为民的献身精神，“捧着一颗心来，不带半根草去”，像他那样，为振兴中华奋斗终身。

（来源：《江淮论坛》1981年第3期，原标题为《陶行知故乡调查纪实》）

休宁万安吴尔宽私塾

李 军

吴尔宽（1865—1925），字仲容，12 岁中秀才，后因科场失意，屡试不第而绝意仕进，终身以授童坐馆为业，是陶行知的启蒙老师。

吴尔宽故居即今天的吴家大院，又名翠园，位于万安老街皂荚巷 2 号，是典型的清代四进三开间二层徽式建筑，建筑面积 800 平方米，院落面积 600 平方米。故居内安静清幽，故居外宁静祥和。

吴家大院南侧为吴尔宽经馆（又名陶行知启蒙馆）旧址，建筑面积 480 平方米，为安徽省重点文物保护单位。1899 年至 1903 年，陶行知就拜读在吴尔宽门下，在此打下了深厚的古典文学基础。

2014 年 6 月，安徽新华发行集团与休宁县结对共建，将吴尔宽故居保护开发，按照“修旧如旧”的原则，恢复徽派古建的“筋骨肉”，传承传统建筑的“精气神”。修缮后的陶行知启蒙馆，内设陶行知事迹展览，系统讲述了陶行知启蒙、求学、兴办教育、参加救国救民运动的全过程。如今的吴尔宽故居，不仅成为万安古镇珍贵的历史文化遗存、徽派古建活化业态的典型样本，更是当地文化教育宣传的示范基地。

“人生天地间，各自有秉赋；为一大事来，做一大事去。”陶行知先生“捧着一颗心来，不带半根草去”的赤子之忱和“甘当骆驼”的无私奉献精神，将永远鼓舞着来访者在弘扬中华优秀传统文化、传播徽州教育文化的道路上不忘初心，不断前进。

休宁万安陶行知启蒙馆

“水南桥”考

吴存心

1979年10月14日，日本专修大学教授斋藤秋男应中国社会科学院邀请，访问陶行知故乡，考察陶行知少年时代生活和学习的地方。斋藤秋男在歙县参观崇一学堂时，兴致勃勃地吟诵了陶行知的两句诗：“古城岩下，水蓝（南）桥边”，并问：“这水蓝（南）桥在哪里？我很想看看！”有人说：“可能就是紫阳桥下那座已倒塌的桥。”于是我们驱车到了渔梁，一问，大家都说未曾听过有什么“水蓝（南）桥”。

陶行知1908年离开徽州到杭州广济医学堂学医，他的父亲送他到水蓝（南）桥边下船。23年后，陶行知追忆其父亲送行的初别情景时，曾泪落如雨，写下这篇动人的《献诗》：

古城岩下，
水蓝（南）桥边，
三竿白日，
一个怀了无穷希望的伤心人，
眼里放出悲壮的光芒，
向船尾直射在他的儿子的面上，
望到水、山、天合成一张大嘴，
隐隐约约的把个帆影儿都吞没了，

水南桥　倪受兵／摄

才慢慢的转回家去。
我要问芳草上的露水，
何处能寻得当年的泪珠?

这“水蓝（南）桥”究竟在哪里呢？最近在读书中偶见一些资料，证明它在万安是确信无疑的了。

据清道光《休宁县志》卷二第九页载：“水南桥在万安街，架木为桥，今为渡水南张宗祠设。”桥对岸便是水南村，设有张宗祠。水南桥边就是古城岩。古城岩在隋唐间曾是歙州州治之所在，岩石嶙峋，风景幽静秀美，是休宁名胜“八景”之一。从古城岩流过的水，叫横江水（又名东港水），下达屯溪，与率水（又名南港水）相合，称浙江，为新安江的上游。陶行知诗中的“古城岩下，水蓝（南）桥边”，自然指的是万安古城岩边的这座“水南桥”。

崇一学堂在歙县，陶行知从这所学校毕业后赴杭州求学，又为什么要从休宁万安走呢？因为当时陶行知的父母都住在万安。陶行知父亲陶槐卿曾在万安街经营酱园，母亲曹翠仂是休宁县万安街人（编者注：原籍绩溪县），陶行知 8 岁在万安吴尔宽经馆读书，11 岁返回歙县。陶行知离徽赴杭时，其父母仍然住在万安，他父亲陪他从万安上船，送到水蓝（南）桥边下船，是可以说得通的。

陶行知离开万安之后 7 年，这座“水南桥”依然如故，那古城岩的自然景色犹如当年。这也是有记载的。1916 年，省立第二师范（现休宁中学）学生的一次春游，就是从万安出发，沿横江而下，到隆阜“观桃李园，访戴东原先生读书故址”的。他们“远望风帆片片可见”，在船上犹如“一苇被山、水、天吞没”的体会，与陶行知诗中对自然景色的抒发是那么相似。不同的是，陶行知是告别父母，外出求学，他那“为国为民寻找真理而又依依不舍自己的家人、家乡”的矛盾心情，跃然诗篇。当时，陶行知父亲开的酱园店，因社会经济衰退已经倒闭，连招牌都出卖了，病弱的父亲发誓戒断嗜好，用尽所有的心血，也要供儿子读书。陶行知是在这种家境困难、父亲有病的情况下离开家乡的，那感人的惜别之情自然成了他终生难忘之事。陶行知逝世后，其子陶宏在《我和我的父亲》纪念文章中也有这么一段回忆：“祖母讲到当父亲初次离乡去杭州，祖父送他上船，船开后，父亲忍不住转身双手蒙住眼哭了。”这也正是陶行知诗中说的：“我要问芳草上的露水，何处能寻得当年的泪珠？”

（来源：《安徽教育》1981 年第 8 期）

陶行知

徽州友人遗存

风雨沧桑清华情

——休宁周诒春故居

李 军

一

位于屯黄线上的安徽省黄山市休宁县蓝田镇迪岭村周村村民组，有一座鲜为人知的清华老校长周诒春故居。

故居掩映在周村青翠的山坳间，周边山清水秀，风景独好。这幢有前后厅、两天井、三开间的徽派建筑，乍看起来很普通，周边环境却非常舒适宜居。它坐南朝北，大门侧开，正朝来龙山。一条潺潺的小溪绕屋而过，屋两侧各挖有一口水井，屋后还辟有两方池塘。

就在皖南这个看似普通的小山村里，却走出了一位清华校长。

二

1883年12月29日，周诒春在汉口出生。父亲周聿修（1860—1930）当时在汉口经营茶庄，这位儒商从北魏陆凯《赠范晔诗》中取意，给儿子取名为诒春，字寄梅。“折梅逢驿使，寄与陇头人。江南无所有，聊赠一枝春。”他希望儿子的一生像春天一样美好，更希望他今后的品性能像梅花一样高洁。

周聿修年少时便离开家乡周村，来到遥远的汉口当茶庄学徒。后来，他自立门户，开设了自己的“泰昌源”茶庄。由于他将徽商重品质、讲诚信的传统践行于日常商业活动中，所以生意日渐昌盛。其间，他曾数

周诒春故居外景

度回归桑梓地，在来龙山下建造了这座环境独特的房子，还迎娶了金氏女（1857—1915），婚后携妻一道回到汉口经商。

1895 年，富有远见的周聿修为了让儿子周诒春拥有一个良好的教育环境，又举家迁往上海，另立茶庄。他不惜重金把儿子送至上海圣约翰书院（1905 年升格为大学）学习，盼望儿子将来能成为通晓中西文化的栋梁之材。天资聪颖的周诒春在校期间成绩优异、表现突出，1903 年毕业后便留校任教。

周诒春婚后赴美留学，于 1907 年至 1909 年在耶鲁大学学习教育学、心理学，毕业时获优等生。1909 年又辗转去了威斯康星大学，1910 年 6 月获教育学硕士学位，当年秋学成归国。

周诒春回国后先后在上海中国公学、复旦公学任教。1911 年，他参加

周诒春故居内景

清政府留学生考试，被授予文科进士，时人称他为“洋翰林”。

1915年周诒春被圣约翰大学授予名誉文学博士学位，成为中国本土被授予名誉博士的第一人。周诒春在圣约翰学习和工作期间，遇到卜舫济、颜惠庆两位恩师，他们的教育理念影响了周诒春的一生，使其终生致力于中国文化教育事业的发展。他还曾参与颜惠庆主编的我国首部中英文双语工具书《英华大辞典》的编纂工作。

三

1913年10月，未满30周岁的周诒春正式担任清华学校第二任校长，也是清华历史上最年轻的校长。

“周诒春任职四年余（1913.10—1918.1），建树极众，历任校长无出其右。”（1931年清华建校20周年，学校纪念刊评价）这位“老校长”对于清华有四大贡献：一提出将清华改办成完全独立之大学计划，让清华告别了旧时代；二筹建了清华的“四大建筑”（大礼堂、图书馆、科学馆、体育馆），至今仍是清华园中优美的风景；三推行“德智体”三育并重，致力培养清华精神；四将“自强不息，厚德载物”作为清华校训，鼓舞了一代又一代清华人。

周诒春非常注重学生的修行、礼仪、励志等方面的教育，管理严格。据清华校友回忆，当时学生所带的钱除少许留作零用钱外，其余都要存在学校银行里，日常开支都要记账，月底结算后送交斋务处审核。每天早上7时20分实行早餐点名制，迟到的要记学号；晚上10时熄灯睡觉，如说话被斋务长发现，第二天要接受训示。学生每星期须洗澡一次，不洗澡的，在周五集会时当众点名。仍不洗澡的，斋务处就要勒令洗澡，并派人一旁督看。学校规定每两星期必须写家书一封，交斋务处登记寄出。

有一名学生，毕业典礼夜在寝室饮酒一杯，以示庆祝，被斋务处查知，立即禀报周诒春。次日清晨，办公处高悬通告曰：该生饮酒犯规，记大过两次，以后如再犯一次，应即开除学籍并收回毕业证书。

周诒春管教学生亦有其柔软的一面。

他常常深入学生中间，了解学生的思想情况，听取学生的意见。他也把一些学生叫到他的办公室，除了检查学业外，还要闻闻他们口中有无异味，问问是否经常洗澡，是否定期参加体育活动。

后来成为著名生理学家的张锡钧回忆，有一次，他饭后回宿舍途中，迎面有人问："你怀中为何鼓鼓囊囊的？"见是周校长，他有些紧张，结结巴巴地回答："是饭碗。"校长笑着说："手拿着不好么？装在怀里突出一块，不雅观嘛。"让他在大为惊异的同时也倍感温暖。

还有两则关于周诒春管教学生的故事。

周诒春担任清华校长期间，推行了著名的"强迫运动"，规定每天下午4时至5时为运动时间，这一小时内，教室、图书馆、宿舍一律锁门，学生必须到户外操场或体育馆内去锻炼。某日，有一位学生运动时间没去操场，搬了桌椅坐在图书馆前看书。周校长查看学生运动情况时路过此地，看到此景，上前询问这位学生为何不去运动。这位学生抬头看了他一眼，继续低头写字，然后轻轻地回了一句："正是文思泉涌时，不便打断。"周诒春看出这名学生是对"强迫运动"不满，向他发起挑战，就转身走了。不一会儿，周校长带着图书馆管理员又回来了，亲自为这名学生打开门，说："门口吵吵闹闹的，赶紧进馆吧，抓紧写完。"本来这位学生准备得很充分，想和校长辩论辩论"强迫运动"，这样一来倒有些不好意思了，只好转身进馆。此时，室外正进行接力比赛，大家都在加油呐喊，这位学生想出去却又不好意思，只能在那里坐着干着急。这时，周诒春又来了，问他写完了没有，他立即回答"写完了"。"那就赶快去做运动吧，外面比赛很激烈啊！"周诒春笑着说。图书馆管理员说，这个孩子是个刺头，周诒春笑着说："年轻学生，有些冲动，我们为教者就是要纠正他的冲动啊！"

周诒春经常教导清华学生以课业为重，不要追求物质享受，清华学校形成了勤奋勤俭、朴实无华之风气。当时清华校内全体学生布衣布鞋，无一例外，即便达官富贾子弟，也绝不敢身着华服。一次，北京一家大米行老板的儿子入学报到，他的衣着明显华丽，与别的学生粗布衣衫不一样。入学通知明确规定要学生衣着俭朴，学校教务人员提出要训斥一下这名学生，全校就他一个穿成这样，坏了规矩。但周诒春没有同意，而是亲自找这位学生谈心。在次日召开的新学年大会上，周诒春出人意料地表扬了这位学生。原来，他通过谈心后了解到，这位学生知道学校倡导节俭，没有让母亲为他入学添置新衣服，就穿了几年前买的这件旧衣服。而反观许多新生，为了体现节俭，却让家人出钱买粗布衣裳和布鞋。周诒春说："我们倡导的俭朴是发自内心的，不是作秀给别人看的。"

除对清华作出了重要贡献外，周诒春还创建了欧美同学会，发起成立中华职业教育社，担任中华教育文化基金会董事，筹建北平图书馆，担任协和医学院董事长，代理燕京大学校长，担任贵阳清华中学董事长……在中国近代教育史上留下了浓墨重彩的一笔。

四

1904 年，周聿修为周诒春相中了休宁县龙源村一大户人家的女儿胡怡爱，胡怡爱比周诒春大两岁，端庄贤淑。婚后夫妻感情笃深。1914 年 8 月，她还陪同周诒春一道护送清华学生赴美留学，并担任了女生的监护人。

周诒春夫妇共育有四子二女：

长女周丹凤（1905—1972）。夫李冈（1891—1951），耳鼻喉科专家。

长子周寿康（1907—1933），早逝。

次子周佑康（1911—？），定居美国，任中学教师。妻邹茂石（1916—

2002）。

三子周华康（1914—2011），北京协和医学院儿科教授，中国现代儿科学先驱和开拓者之一。他编写的《农村儿童卫生常识问答》，发行200余万册，是真正“让农民看得懂，用得上，买得起”的科普读物。妻林懿铿（1913—1999），英语教师。

次女周珊凤（1916—2006），北京大学外国语学院教授，主编英语专业基础教材《大学英语》。夫李宗津（1916—1977），油画家，1951年创作著名油画《强夺泸定桥》。

幼子周耀康（1919—2004），曾任贵阳清华中学教师，后定居香港。妻薛兴怡（1922—2001）。

五

周诒春情系桑梓。1915年，时任清华学校校长的周诒春多次接到家乡休宁县蓝田镇周村村民来信，称周村村后黄岗山上树木被外来游民乱砍滥伐，肆意开挖，自然生态遭到严重破坏，影响水土安全等。周诒春获悉情况后，特致函休宁县。县知事很重视，于1916年1月在周村竖立“奉县示禁”碑，以封山育林，保护水土。

2009年11月20日，周村村民周兴林将自家珍藏多年的“奉县示禁”碑，无偿捐献给休宁县状元博物馆。碑上清晰刻有“清华学校校长周诒春禀称，窃春世居北一区周村地方”、“洪宪元年（即民国五年）一月十四立”等字样。

周诒春曾两次回乡。

1915年3月17日，周诒春母亲在上海去世。1916年11月，他护送母亲灵柩回乡，14日正式安葬在离故居不远的半山腰上。

1932年8月，周诒春在大女儿周丹凤的陪同下从北京返乡，住在故居后厅左厢房。6日，他以“族房长”的名义为堂兄周诒洪的五个儿子（谋銮、谋燮、谋荣、谋庚、谋静）分家。

1958 年 8 月 30 日，周诒春因患直肠癌在上海病逝。次年，夫人胡怡爱也在上海去世。从此，这座房子再也没有等到它的主人。随着时光的推移，人们逐渐忘记了休宁县还出过一位清华校长。那白墙黛瓦的故居也在风雨飘摇中老去。破败不堪的故居外墙开裂、屋漏厉害、内室破损，随时面临倒塌的危险。

六

进入 21 世纪，这座老屋逐渐得到了各方的关注，正焕发出新的生机和活力。

2006 年夏秋之交，时任中国农业部专家组组长程序出差休宁，特地到周村和周家族人会面，还见到了周诒春写给侄儿周锦堂的亲笔信以及周诒春主持周氏后裔分家时所写的阄书。

2006 年 11 月 2 日，原中宣部部长朱厚泽来到休宁，也专程到周村探访周诒春故居。朱厚泽在贵阳清华中学读书时，校长就是周诒春。之后，他还寄来了《贵阳清华中学志》《唐宝心回忆录》等一批宝贵资料，并嘱托休宁县保护好、利用好周诒春先生的故居。

2008 年 5 月，程序、李之清夫妇来周村祭拜祖茔，并捐款一万元助力当地政府修建迪岭桥。程序、李之清夫妇之后还多次来到周村。李明瑞夫妇、周志春夫妇、周宇明夫妇及程家彩（胡怡爱妹妹胡云秀之子）等周诒春后人也先后到周村探访。

2009 年 11 月 11 日，清华大学原副校长、校务委员会主任胡东成来访；2010 年 2 月 17 日，时任清华大学副校长程建平来访……他们对于周诒春故居的保护、修缮及利用工作，都给予了很多关心。

2009 年底，周诒春故居被列入黄山市“百村千幢”古民居保护利用工程。

在休宁县委县政府的高度重视下，在社会各界的大力支持下，2010 年 3 月 18 日，在完成收购、搬迁、设计等工作的基础上，周诒春故居正式开工修缮。修缮工程投资近 40 万元，严格按照“修旧如旧”的原则，维持格局、构造形式、雕刻构件及内涵不变，包括前进厅堂、后进厅堂、前后天井及厨房、院子等施工内容。2010 年 6 月 28 日，周诒春故居修缮完工。

2012 年 12 月，周诒春故居被列为安徽省省级文物保护单位。

2020 年 11 月 4 日，周诒春廉洁事迹馆开馆，分“求学经历、清华情缘、生平年表、修身立节、清风育人、臣心如水、一尘不染、言传身教、教化乡里、廉洁格言”等板块，展示了周诒春奋斗的一生、高尚的一生、清廉的一生。

先生之风，山高水长。随着时间的推移，清华老校长周诒春的精神、思想和贡献将会被越来越多的人仰止，周诒春故居也必将散发出夺目的光彩！

（来源：《江淮文史》2020 年第 4 期）

汪采白家族与不疏园

鲍义来

不疏园，位于安徽省黄山市歙县西乡郑村镇西溪村，由清代乾隆年间著名徽商汪泰安斥巨资修建，是一处集别墅、园林、家塾于一体的私家园林。缘何取名“不疏”二字？汪泰安长子汪梧凤在《松溪集·勤思楼记》中说道：“先君子治田为园，园北有堂，颜之曰不疏。盖取陶诗‘暂与田园疏’意而反之，亦欲使后之读书其中者，常守厥志，不致苟于利禄，而饕餮于宠荣也。”汪泰安反陶渊明诗意而用“不疏”名园，旨在告诫后人，读书是为了学懂弄通义理，不能为了追逐功名利禄，而疏远田园。可以说，“不疏园”就是徽派朴学真正意义上的发源地。

咸丰年间，不疏园毁于兵乱，如今的郑村镇西溪村还留有善述堂、和义堂、善继堂三幢房子，从仅存的遗迹中，我们依稀可以看到不疏园曾经的辉煌和那个很有故事的汪氏家族。

善继堂的前世

能赚钱是一种本事，但能花钱更是一种本事。西溪汪氏家族中第一个闪亮登场的人物，便是汪景晃。汪景晃（1666—1761），清初人，原本也是一个读书人，可读到22岁的时候，他或许是感到科举无望，便弃文从商，到浙江兰溪做起了布匹生意。

徽州商人，诚信为本。很快，汪景晃靠诚实守信赢得市场，积累了雄厚的财富。可正当事业最红火的时候，也就是汪景晃 50 岁时，他却将所有业务交给了年仅 17 岁的儿子汪泰安，自己则回到徽州老家，专心做起了慈善。从 50 岁回到家乡徽州一直到 96 岁过世，这慈善一做就是 40 余年。

清代大学者江永曾入驻不疏园 7 年之久，对汪景晃的情况非常熟悉，并亲自为他撰写传记。江永写道，汪景晃的善行义举包括：对生活无助者计月给粟，每年 160 两银子；设茶汤以待行旅，一年 60 ～ 70 两；冬无寒衣者给衣，疾病无医药者给药，两项每年 50 两；孩童无钱读书，办义馆捐资助学，一年 20 两。以上这些项目一年合计约 300 两银子，再以 40 年计算，所花费用超过万两。此外，他还为一些死后无棺的贫困者买棺，超 3000 个。

当然，汪景晃的善行离不开儿子汪泰安的支持，毕竟 50 岁就“退休”的父亲所赚的钱是有限的，花费的大都是儿子的钱。有时汪泰安也有不凑手的时候，甚至还动用过夫人的嫁资，只是这些都没让汪景晃知道，为的就是不影响父亲做慈善的人生乐趣，时人皆称汪泰安为“隐德君子”。

40 年的家风家训，40 年的善行义举，善继堂的前人就是这样几位不平凡的人。

曾经的不疏园

我们再来说说徽商翘楚，不疏园的建造者汪泰安。汪泰安 17 岁被迫接下父亲汪景晃的生意，失去了继续读书的机会，但勤能补拙，汪泰安的儿子汪梧凤记录过父亲读书时的情景：“治事毕，则篝灯阅书史，至丙夜膏尽乃休。”也许正是因为爱读书的缘故，汪泰安才有了他一生中最精彩的华章——建造不疏园。

不疏园除了山石花木之胜外，还有一些与藏书有关的建筑。

勤思楼："高楼何所有，二十四橱书"；

拜经草堂："皓首一经通，毛郑传家塾"；

竹北华南藏书室："四壁尽书围，逼坐青毡破"。

还有其他一些亭台楼榭，其匾额、楹联都是当时的学问家和书法家如邓石如、巴慰祖、朱筠、程瑶田、鲁瑸、刘大櫆、戴震、方辅等所拟所书。

尤为难得的是，汪泰安还花费千金购置书籍，又礼请大学者江永教馆其中，邀请戴震等江门弟子与他的儿子汪梧凤同窗共读。因为生活无忧，查阅有书，切磋有友，不疏园正是学者的理想天堂。

1761 年，96 岁的汪景晃去世，同年，汪泰安也去世了。汪泰安有两个儿子：长子汪梧凤，江门七子之一。次子汪漪，继承父业，继续行商，在满足兄长的求学和不疏园的学术活动的同时，又秉承祖、父遗志，做了许多善事。他还花费巨资，为他的四个儿子盖了四幢房子，这就是善述堂、和义堂、善继堂和务本堂。遗憾的是，务本堂后因战乱而被烧毁。

善继堂的今生

汪炯，是汪漪的第三个儿子，也是善继堂的第一任主人。据民国《歙县志》记载，汪炯曾在乾隆、嘉庆年间三次发粟减粜，全活乡里，为人乐善好施，帮助别人不待请，也不留名。

汪宗沂是汪炯的四代孙，出生于善继堂，却常住不疏园。不疏园确实是一个书的海洋，汪宗沂 4 岁时，母亲教其《尔雅》《毛诗》。长大后，汪宗沂穷研汉宋，旁及诸子百家，工诗文词曲，成为晚清户部右侍郎、被马克思写进《资本论》的唯一的中国人王茂荫的女婿。

咸丰年间，不疏园毁于战乱，汪宗沂成为曾国藩的幕僚。战乱平定后，他考中进士，时年 44 岁，翁同龢认为他有"命世之才"。再后来，汪宗沂为李鸿章所招，修撰《庐阳府志》。然终因抱负不得施展，回到家乡，

歙县郑村镇西溪村善继堂 倪国华／摄

做起了教书先生，黄宾虹、许承尧、汪允宗等青年才俊皆出自汪宗沂门下。汪宗沂先后主讲黟县碧阳书院（1887—1889）、歙县紫阳书院（1890—1894）、芜湖中江书院（1895—1897）、安庆敬敷书院（1898—1900），20世纪初，徽州革命志士与芜湖革命团体岳王会联合筹办了芜湖徽州公学，汪宗沂任芜湖徽州公学的名誉总理兼经学国文教员，洪泽臣为监督，陈独秀为监管。汪宗沂比陈独秀年纪大，却相处甚好。汪宗沂去世后，陈独秀曾作诗怀念，诗中写道："央公说法通新旧，汪叟剧谭骋古今。入世莫尊小乘佛，论才恸惜老成心。"

教书育人、著作等身，汪宗沂终成"江南大儒"，也成为皖派朴学的最后一位传人。

需要提及的是，正是对于图书的感情和对藏书的向往，又或许是对不疏园消失的一种寻找和弥补，汪宗沂在他中晚年经济条件尚可的情况下，用自己的俸禄在不疏园附近建起了一座私家宅院，名曰韬庐。韬庐内有藕溪楼，中藏古籍。藕溪楼后面有一书斋，名曰芙蓉池馆。藕溪楼右边有辑易轩，是汪宗沂焚香研易、著述和讲学之所。

1867年，汪宗沂的次子汪律本出生。汪律本天资聪明，与黄宾虹、许承尧等同时受教于汪宗沂。

1894年，汪律本和许承尧一同考中举人，然而国是日非，汪律本不再关心举业，而是与黄兴等革命党人为友，以两江师范学堂为掩护，开展反清革命活动。他还参与了安徽公学由长沙迁至芜湖的策划，并协助许承尧回乡兴办新安中学堂和紫阳师范学堂。

民国初年，为稳定安徽局面，汪律本协助柏文蔚做了大量工作，并当选为国会参议员。后因武人掌权，军阀混战，汪律本心灰意冷，归隐贵池乌渡湖。

汪律本才学过人，所画山水花卉，萧然有致。汪律本还擅写词，有人认为，黄宾虹的画、许承尧的诗、汪律本的词和吴检斋的经学是徽州清末民初之“四绝”。尤其他政治品德高尚，被柏文蔚认为“高风亮节……吾党中绝无而仅有者也”。

汪律本还是一位收藏家，尤其是新安画派作品收藏颇丰。如渐江的《晓江风便图》最早便是汪律本在一个寺庙中发现的，后归了许承尧，而今藏于安徽博物院。

汪律本饱览祖国名山大川，尤钟情于黄山，他在人们提出“五岳归来不看山”的基础上，提炼出“黄山归来不看岳”这一名句，传扬至今。

1887年，汪采白出生。他是汪宗沂的长孙，汪福熙的儿子，汪律本的侄儿。有道是十年树木，百年树人，汪采白的成长，倾注了汪家几代人的心血，当然也离不开不疏园、善继堂、韬庐乃至徽州文化的涵养。最终，汪采白成为继渐江之后新安画派的又一高峰。

其实，在善继堂建成后的200多年时间里，诞生的知名人物远不止这些。

汪宗沂的三子汪植圃，于清末留学日本，获得医学博士，回国后任陆军医院院长。

汪植圃的儿子汪大同留学法国，与赵世炎一起参加过法国的革命活动，中华人民共和国成立后任中国人民大学教授。

汪律本的儿子汪民视，年少时看到家乡流行大肚子病，便留学德国研究寄生虫病，中华人民共和国成立后，曾作为华东血吸虫病研究专家回到家乡调研指导。

汪岳年，汪采白的弟弟，汪福熙次子，芜关中学校长，教育家。

汪勖予，汪采白的儿子，杭州美专教授，知名画家。

汪显曾，汪勖予的儿子，经济学家。

汪人定，汪民视的儿子，中国海军工程陀螺漂移研究专家。

民国《歙县志》中，从不疏园到善继堂被列入人物传记的有汪景晃、汪泰安、汪漪、汪炯、汪绍墉、汪宗沂、汪律本，直系八代人中有7人进入县志；在2005年新版《歙县志》中，被列入人物传记的有汪景晃、汪泰安、汪宗沂、汪律本、汪采白、汪大同、汪民视、汪勖予、汪人定9人。

近年来，有不少学者呼吁尽快恢复不疏园，其心亦切，其情亦感。但在笔者看来，如今的首要任务还是应该赶紧保护好善继堂。汪宗沂一门后人大多已离开徽州，善继堂几经风雨，多有倒塌，所以保护好善继堂乃是当务之急。等善继堂修复完成后，它与潭渡的黄宾虹故居、唐模的许承尧故居连成一线，必将成为徽州名人研学风景线。那么，善待善继堂，这是我们目前迫切需要做的事情。

绩溪城内胡晋接故居

绩溪县文物所 / 文图

胡晋接故居坐落在绩溪县华阳镇良安路 10 号，砖木结构，建成于 1917 年。由现代土木工程学家、绩溪县仁里村人程士范（1892—1960）设计，中西结合，简朴大方。由门房、庭院、正厅、厨房、书房、菜园等部

胡晋接故居

分组成。正厅为前后两进三开间二层通转楼，楼前建有走廊，用木柱支撑。天井在 20 世纪 80 年代改为简易封闭式天井。整栋建筑基本保持原貌，结构比较完整，具有浓厚的文化气息。2016 年，胡晋接故居被绩溪县人民政府公布为第七批县级文物保护单位。

胡晋接（1870—1934）字子承，号梅轩，安徽绩溪人。他是清代乾嘉时期礼学“三胡”（胡匡衷、胡秉虔、胡培翚）的后裔。1903 年，胡晋接受聘主持创办仁里私立思诚两等小学校，任教 8 年，开徽州近代教育先河。1913 年，他受命创办安徽省立第五师范学校（1914 年更名为安徽省立第二师范学校，今休宁中学前身），任校长 15 年。他大力提倡教育与生活、学习、应用相结合，倡导改进普通教育，推行职业教育和社会教育。

1927 年，胡晋接回到绩溪后，在此房中闭门注《易》，完成了《安徽省通志·地志·山脉水系志》《安徽省通志·艺文志经部考》等的编纂工作。胡晋接故居是研究其人及教育理念的重要遗存。

绩溪上庄胡适故居

绩溪县文物所 / 文图

胡适故居坐落在安徽省绩溪县上庄镇上庄村适之路 28 号，建于清光绪二十三年（1897），坐北朝南，硬山屋顶，马头墙封砌，建筑面积 300 平方米。

故居由两个三合院组成前后两堂，二楼前后通转。前堂面阔三间，明间为客厅，东西各设上房，西上房曾为胡适小时候住房和结婚之新房。后堂布局同前堂，但规模略小，东侧有厨房。故居内的槅扇、窗栏板均平底阴刻兰蕙图，雀替、斜撑等构件有精美雕饰，这些雕刻都出自胡开文墨模雕刻大师胡国宾之手。故居大门门楼用水磨青砖雕凿砌筑，翼角腾空，上雕鳌鱼，尾有两翼，势欲飞翔。

胡适（1891—1962），初名嗣穈，乳名穈儿；读书后取名洪骍，又名适，字适之，一字希彊，别号自胜生、藏晖室主人、适庵等，笔名骍、天风、藏晖等。安徽省绩溪县人。早年就读于上海中国公学，1910 年留学美国，获康奈尔大学文学学士、哥伦比亚大学哲学博士学位。回国后曾参编《新青年》，提倡白话文。历任中国公学校长、北京大学校长、驻美大使、台湾“中研院”院长等职。胡适是中国近现代史上的重要人物，在文史哲、教育、政治外交等领域均产生过重大的影响。著有《胡适文存》《中国哲学史大纲》《白话文学史》《藏晖室札记》等。

胡适故居与胡传旧居、胡适私塾、胡开文纪念馆、胡开文旧居、胡寿基宅、

敦履堂共7处单体建筑组成上庄古建筑群，2013年上庄古建筑群被国务院公布为第七批全国重点文物保护单位。

胡适故居，左图为内景，下图为外景

洪范五故居

李 军

洪范五故居位于休宁县万安镇桑园村。洪范五（1893—1963），原名洪有丰，字范五，籍贯安徽绩溪，出生于休宁县万安镇，是我国近代图书馆事业的拓荒者。他一生致力于我国图书馆事业的发展，先后担任金陵大

洪范五故居内景

1923年12月2日，胡适（前排中间）在东南大学演讲完毕与洪范五（前排左二）等安徽同乡合影留念

学、东南大学、清华大学、中央大学、南京大学、华东师范大学图书馆馆长或副馆长。他致力于推广“图书资源共享”“为读者服务”等理念，对我国图书馆事业的发展一直发挥着重要作用。洪范五曾指导和帮助安徽省立第二师范学校（安徽省立徽州中学、休宁中学前身）建立图书馆，1922年还赴省立二师作了《图书馆中的教育》之演讲。1940年秋，徽州中学遭日机轰炸，洪范五将自己的万安桑园住宅借给学校作藏书之用。

孙起孟故居

李 军

孙起孟故居坐落在休宁县商山镇双桥村下汪组（双连井），建于清道光年间，为三进十二间两天井带厢房的徽派建筑，占地面积 976 平方米，建筑面积 678 平方米。从高处俯瞰，故居呈船形，两头低，中间高，它是孙起孟先生的出生地及幼年生活的老宅。

孙起孟故居内景

2004年10月，孙起孟故居被公布为安徽省级文物保护单位。2017年9月，孙起孟故居陈列馆开馆，充分展示了孙起孟同志对党和国家的卓越贡献和不平凡的一生，并被命名为民建中央爱国主义教育基地。2021年4月，孙起孟故居被命名为黄山市爱国主义教育基地。

叶元龙故居

李姿艳

叶元龙故居坐落在安徽省歙县溪头镇蓝田村123号，建于清朝中叶，建筑面积400多平方米。故居坐西朝东，三开间二层楼阁，硬山顶，阴阳合瓦，穿斗式结构，外立面被一道几十米高的封火墙护住，两侧夹以徽派的马头墙，远远看去，像一座神秘的城堡，与文昌阁、松谷亭和村中众多的明清建筑交相辉映。

叶元龙故居平面布局以“进”为基本单元，进门为前厅，中设天井，后设厅堂，天井两侧为厢房，勾勒出“白墙灰瓦马头墙，天井厢房夹正堂”的徽派建筑形制特点。楼梯设在一侧廊庑内，二楼较为开阔，呈回字形，长廊四通八达，有居室八间。故居门楼、门罩、梁枋、雀替、窗户等处饰有各种构思奇异、精美小巧的雕刻图案，形象生动。

叶元龙（1897—1967），原名元隆，因读《三国志》，慕陈登（字元龙）少有扶世济民之志，遂改名元龙，又名卫魂，笔名月秾。叶元龙6岁入本村清末秀才叶元康私塾，1909年随父亲迁往衢州，入衢州中学，1915年以第一名的成绩考入上海大同学院，专攻经济学。1918年叶元龙自费留学美国，入威斯康辛大学，获经济学硕士学位和美国大学生的最高荣誉——金钥匙奖。1923年年底叶元龙回国，次年同时被上海东南大学商学院和大同大学聘为教授，1926年、1927年先后去英国伦敦大学和法国巴黎大学深

叶元龙故居

造，回国后任南京中央大学法学院经济系教授兼主任。叶元龙在经济系执教2年后，就任中央大学教务长，兼任经济系教授，其间他常与中央大学图书馆馆长洪范五讨论图书的添置问题，以充分发挥图书在教学中的作用。

1932年4月，叶元龙任安徽省政府委员、教育厅厅长，后又兼任财政厅厅长。叶元龙支持陶行知"手脑并用"的教育主张，在省立第四女子中学试办职业培训班。叶元龙对家乡教育事业很关注，曾派他的学生严永济、胡沙白到歙县主持教育工作，发展国民小学。

1935年，贵州省政府主席吴忠信邀请叶元龙出任贵州省教育厅厅长。叶元龙不便推辞，赴黔任职，不久又暂代贵州省财政厅厅长之职。

1937年，叶元龙任西安行营第二厅厅长时，曾面见周恩来，对共产党人提出的国共合作、建立抗日民族统一战线的主张表示赞同和拥护。

1938年5月，叶元龙任重庆大学校长。在重庆大学期间，叶元龙聘请马寅初任商学院院长，还先后邀请郭沫若、黄炎培、邹韬奋、陶行知等知名人士到校演讲。马寅初曾因大骂孔祥熙大发国难财而触怒蒋家王朝，被监禁在上饶。叶元龙愤然辞职，离开重庆，还设法去狱中探望马寅初。

1945年抗战胜利，联合国善后救济总署在中国设立分署，叶元龙被任命为安徽省分署署长。江苏淮阴解放区负责人韦悫（叶元龙好友，曾任中央大学教育学院院长，中华人民共和国成立后任上海市第一任副市长）请叶元龙给解放区拨送救济物资及医药用品。运送船只途中遭国民党军队鸣枪阻挡，被迫返回。叶元龙遂用船上悬挂联合国旗帜的方法，成功地将救济物资及医药用品送到了解放区。

中华人民共和国成立后，叶元龙先后任上海大同大学商学院院长、教授，上海财经学院教授，上海社会科学院历史研究所研究员。叶元龙是著名的教育家、经济学家，公开出版的著作有《中国财政问题》，其晚年翻译的《货币、信用与商业》一书多次再版。

叶元龙故居现为歙县文物保护单位。2022年以来，歙县人民政府与相关人士共同投资8万多元，对叶元龙故居的墙体、屋顶、梁柱、门窗和地面进行了修缮，使这座承载着历史记忆的徽州古建筑焕发出新的生命力。

叶元龙故居侧门

张曙与张曙故居

何 苗

歙县坑口乡柔川村是中国传统村落，自古文风昌盛，著名音乐家张曙就出生和成长在柔川。

张曙故居

张曙故居坐落在柔川村中，是一栋建于明末清初的徽派建筑，占地约350平方米。故居布局为三开间、前后两进、双天井、前二楼后三楼。前厅二楼东侧的厢房是张曙曾经居住过的房间。1934年6月，田汉跟随张曙来到这里，同床共叙一周，这也是张曙最后一次故乡之行。张曙故居保存基本完好，2012年被确定为安徽省重点文物保护单位，2013年张曙后人在故居内创办了张曙纪念馆。

文化战线上的猛将

张曙（1908—1938），原名张恩袭，1908年9月18日出生。他从小受家乡徽剧音乐的熏陶，8岁时已能操琴为徽剧伴奏。1927年中学毕业后，他考入上海艺术大学，曾参加田汉领导的“南国社”。次年他考入上海国立音乐学院，主修声乐，兼学大提琴、钢琴、琵琶和作曲。张曙在校学习期间已显露出多方面音乐才华，曾举行过二胡独奏音乐会。1930年他因参加进步活动被捕入狱，出狱后重回上海国立音乐专科学校学习。

1933 年，张曙加入中国共产党。这一年，他与聂耳、任光等组织了左翼音乐团体“苏联之友社”音乐小组，研究探讨了中国歌曲创作的发展道路，并积极投入社会上的革命音乐活动。抗日战争全面爆发后，张曙于 1937 年年末与冼星海等人组织了“全国歌咏协会”，翌年与冼星海等共同加入以郭沫若为领导的中国国民党军事委员会政治部第三厅，在武汉积极开展抗日救亡歌咏活动。1938 年 12 月，他随第三厅迁往桂林，继续坚持抗日救亡音乐活动。1938 年 12 月 24 日，张曙与其爱女张达真在日本飞机轰炸中牺牲，年仅 30 岁，安葬于桂林七星岩下灵剑溪畔。

张曙在其短暂的一生中，共创作歌曲 200 余首，现存 80 余首，题材大多表现中国人民反侵略、反压迫的斗争精神，音调富有浓郁的民族风格。张曙的代表作有《保卫国土》《丈夫去当兵》《壮丁前线》《日落西山》《赶豺狼》《洪波曲》等，在中国音乐史上有一定的影响力。在抗日歌咏运动中，张曙演唱的冼星海的歌曲《莫提起》《茫茫的西伯利亚》以及他自己的作品，浑厚有力，真挚感人，给人留下深刻印象。

1940 年 9 月 3 日，周恩来在重庆召开追悼张曙逝世的纪念会上发言说：“张曙先生之可贵，在于他和聂耳同为中国文化战线上的两员猛将……给全民的抗战起了很大的推动作用……这功绩是永远永远不可磨灭的。”这是对张曙一生表现作出的结论和评价。

张曙与新安旅行团

张曙曾应陶行知邀请到晓庄师范演出、任教数月。1936 年，汪达之邀请田汉为新安旅行团创作团歌，张曙为这首歌谱曲，就此与新安旅行团结下不解之缘。1937 年，陶行知按照张曙的谱曲，创作了《新安旅行团团歌》第二部分。1938 年 9 月 7 日，张曙发起并组织了长沙歌咏会，邀请新安旅

① 张曙　② 张曙写给父亲的信

③ 柔川村张曙故居

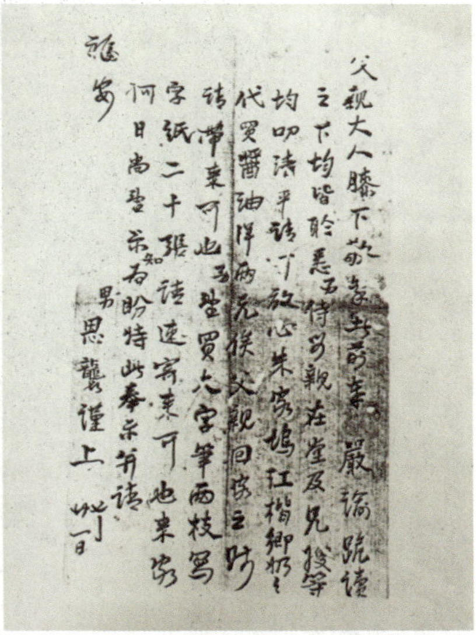

父親大人膝下敬禀者，嚴諭跪讀
之下均皆聆悉。且侍母親在堂及兄嫂等
均叩請平安，請可放心。朱家塢紅桔鄉奶奶
代買醬油伴兩瓶，候父親回家之時
請帶來可也。又望買六字筆兩枝，寫
字紙二十張，請速寄來可也。來家
何日尚望示知為盼，特此奉禀，并請
福安
男 思龔 謹上 廿一日

张曙的卧室，张曙在此生活了 12 年。倪国华 / 摄

行团参加，新安旅行团成为张曙指导下的一支有力的歌咏队伍。据新安旅行团团员张拓回忆：“他经常到‘新旅’来检查节目准备情况，有时还亲自教歌，还专门帮助‘新旅’练了一个他自己创作的《洪波曲》……经过张曙同志的严格指导，在歌咏大会上赢得了最热烈的掌声。”

烟村方梦樵故居

汪秋兰 / 文图

“走进徽州教育文化”志愿者一行从航埠头来到最后一站歙县王村镇烟村，时值中午，大家在烟村渡矶头人家就餐。

江畔有一巨石兀立，形似鸡头，当地人称之为鸡头石。鸡头石既是烟村渡的地理标志，也是新安江水运线上一座天然的航标。鸡头石下边为水上采石场遗址，酷似一艘待渡的船舶。这里是烟村十景之一，名曰金鸡守望，为新晋的网红打卡地。

烟村位于渐江北岸，人杰地灵。南宋淳熙三年（1176）朱熹到桂溪（今歙县小溪村）岑山书院讲学，途经此地，有感于这里的乡野风物自然朴实，随口吟出邵雍的诗篇：“一去二三里，烟村四五家。亭台六七座，八九十枝花。”烟村因此得名。如今的烟村依然充满诗情画意。村子呈东西走向，西边称朱家堡，向东过小溪至店前街、横街，随入中街、后街，形成“四街一堡”的村落格局。玉带河西、南、东三面环抱村落，沿河古树蓊郁，与古埠头、古桥、古街、古民居构成烟村的诗情画境。

志愿者们漫步玉带河河堤，观古树苍虬，听流水淙淙。玉带河上横亘六座古桥，分别是兴隆桥、榜登桥、三锡桥、拢舟桥、外婆桥和便农桥。

兴隆桥、榜登桥为方贵文所建。方贵文，字宗本，歙县忠堂（现徽州区忠堂村）人，正统元年丙辰（1436）进士，官至山西道监察御史。

三锡桥为方良曙所建。方良曙，字子宾，歙县忠堂（现徽州区忠堂村）人，嘉靖三十二年癸丑（1553）进士，万历八年庚辰（1580）二月以应天府尹致仕归老。忠堂村与烟村相距不到5里，水脉相连，忠堂村水口立有一座“三世二品”牌坊，它是方良曙万历二年（1574）升任云南左布政使时，朝廷追赠其祖父方泰、封其父亲方祥庆时所立，建成于万历八年（1580）七月。三世二品牌坊正面匾额上题“三朝申锡”四字，这也许就是三锡桥桥名的由来。

拢舟桥、外婆桥、便农桥都是烟村人汪老顺所建。汪老顺在

287
方梦樵宅

上海开洋行致富，于清道光十八年（1838）建拢舟桥、外婆桥。为方便村民去外滩及十里沙坡种菜，汪老顺又于清道光二十八年（1848）建便农桥。

烟村历史上先后出了“潘、洪、方、汪”四大富商，古建筑比比皆是。村中有九座亭子、七家大厅、六座石桥、五家五室大堂、三座尼姑庵、两座水碓、两处码头、一座四柱坊、一座尚书墓。村西的石窟，村北的古墓、方腊练兵场，村南的徽商古航道，处处都体现出厚重的人文底蕴与昔日的辉煌。

烟村人才济济，有记载的就有进士汪熙（道光丁丑科）、举人汪兰、秀才方仁山、志华小学创始人汪文秉、礼义乡完全小学（即现在的烟村中心小学）的创办者方梦樵，还有程敬甲、汪敬坤、汪国标等乡贤义士。

走进烟村，志愿者黄建敏惊喜地发现曾在上海资助陶行知办学的歙县人方梦樵故居就在这里，于是他向大家介绍了徽商方梦樵充满传奇的一生。方梦樵既是近代徽商代表人物，又是知名的吴派太极拳家与岩矿标本采制专家。他采制的标本，供全国大、中、小学教学使用，1956 年还在华东区工业展览会上展出，为中华人民共和国的教育事业做出了贡献，大长了中国人的志气。探寻名人故居是“走进徽州教育文化”志愿者的目的之一，可惜方梦樵后人当时不在村里，大家只好绕着这座保存完好的徽派建筑走了一圈……

风景如画的玉带河、诗意盎然的烟村渡、白墙黛瓦的明清建筑、阡陌交错的乡野风光，正吸引着众多游客，来到美丽的烟村。

西干山漫笔

凌朝晖

周末，孩子提议出去走走，我又一次选择了西干山。歙县城区面积不是很大，可赏可玩的去处却不少，不过我最钟爱的还是西干山。

西干山，位于歙县徽州古城的河西，与乌聊、紫阳、问政、城阳合称五峰拱秀。这里有着由扬之、布射、富资、丰乐四水汇合而成的练江，单这一个“练”字，就如同黟县西递的“递”字，透出徽文化底蕴的厚重和灵动来。

到西干山要过一桥，桥乃古歙明代三桥之一的太平桥；见一楼，楼曰太白楼，原是一座酒肆，当年李白寻歙人许宣平不遇，就是在这里喝的闷酒；还要经过一座园林，名为新安碑园，碑园依山临水，幽深奇巧。碑园里藏有《馀清斋帖》和《清鉴堂帖》，汇集了从晋至明几十位大家的珍品佳作，王羲之、虞世南、褚遂良、欧阳询、怀素、颜真卿、苏轼、黄庭坚、米芾、赵孟頫、董其昌……可谓群英荟萃。

一路走来，已经到了西干山。这里是国家森林公园，也是歙县人寻幽访古、休闲健身的好去处。森林公园，自是古木参天，遮云蔽日，满目苍翠，鸟语花香，让我想起“风轻日暖好鸟语，夜静山响春泉鸣”“蝉噪林愈静，鸟鸣山更幽”等诗句来。

西干山因风景优美，得到佛家的特别青睐。唐朝时披云山麓建有僧院

24座，香火甚旺，名太平兴国寺。明代尚存十院，俗称水西十寺。寺内长庆寺塔虽历千年风雨，仍气宇轩昂，巍然挺拔，可令人追忆“古寺高峨接碧霄，春风弦诵彻终朝”的遗韵。有人说此塔是用于镇降水妖河怪的，我倒更相信这是一杆催马奋蹄的神鞭，激励着一代又一代歙县人自强不息，奋勇争先。当年的渐江和尚，就是在五明寺开创了中华美术史上不朽的新安画派。简朴的笔法，不简单的笔意，静穆超然、冷逸静寂的风格，体现了他对人生和世界的参悟。渐江生前以这片山水入画稿，圆寂后也归葬于此。很多追随者来这里祭拜，在他墓前掬一捧土、敬一束花以为纪念，希望借此与大师的意念相通。我由此联想到对岸黄宾虹公园里宾老的雕像，雕像坐落在古城墙下，虽是石刻泥塑，但仍被“借”走了很多回。现在好多人不再像渐江和宾老那样刻苦勤奋，而是浮躁地想走捷径，从古人那里沾得一点“灵气”和“神力”。不知先贤陶夫子地下有知会怎么想？这位一生致力于“千教万教教人求真，千学万学学做真人”的伟大教育家，目睹此景会感到怎样的无奈呢？

葬于西干山的还有渐江和尚的后继者汪采白。两位巅峰人物都选择这里作为灵魂的栖息之所，这在艺术界无疑是一段佳话。

游览西干山，是必定要登上披云峰顶的。披云峰因其险峻的山势和常年环绕的云雾而得名。披云峰下是披云山庄，地理位置得天独厚，门前车水马龙，山庄内高朋满座。想当年，那些文人墨客或泛舟江上，或曲水流觞，或呼啸林间，他们歌咏唱和，赋诗作画，是何等的洒脱飘逸，何等的酣畅淋漓。俗话说，仁者乐山，智者乐水。今天，我们坐在披云峰下，仰望如洗的碧空，俯瞰波光粼粼的江面，依然可以追寻古人的足迹，亲近先贤的风采。

走过一段保存完好的披云古道便到了披云亭。临亭远眺，虽没有“会当凌绝顶，一览众山小”那般的壮观景象，但也能让人心旷神怡、尘虑顿消。

放眼望去，问政、紫阳等山峰环抱而踞，渔梁古坝尽收眼底，最让歙县人引以为豪的徽州古城一览无余。

古城显得日益端庄厚重、从容安详。到了华灯初上夜色阑珊之时，练江上架起一座座卧波长虹，灯光映照中的古城更添一层绮丽迷离的神韵。公园里到处是翩翩起舞的人群，亲身感受家园日新月异的建设成就，怎不叫人“手之舞之，足之蹈之”啊。

我站在西干山上，放飞思绪。今天的歙县人正以豪迈的激情，用渐江的如椽大笔，以大写意的手法，描绘浓墨重彩的人生画卷；正用张曙的铿锵旋律，以交响乐的节奏，谱写雄浑壮丽的生活华章。我站在西干山上，望汤汤东去的练江逝水，看欣欣向荣的古城新姿，默默领悟“青山遮不住，毕竟东流去”的似水流年。

西干山，歙县古城的一颗璀璨明珠，一处参透花开花谢、水暖水寒的人生驿站，一座沉淀心尘、净化心灵的精神家园。

（来源：《徽州社会科学》2015 年第 6 期）

采白亭

陶行知

徽州教育遗存

陶行知与长城砖

徐剑　江岩

2016年8月，黄山市整合市商业干校、市供销干校、市农机学校、市技工学校等教育资源，成立黄山炎培职业学校。黄山炎培职业学校位于黄山市屯溪区戴震路93号，占地面积223亩，安徽省立第四女子师范学校（简称“四女师”）的旧址，就在该校校园内。

1923年9月，正是四女师筹建期间。陶行知将他在游长城时，安徽同乡刘君相赠的一块明朝永乐年间的长城砖，赠送给四女师首任校长程仲沂。在陶行知看来，教育是共和国的基石，砖也是基石。赠送长城砖，表达了陶行知对振兴徽州教育、家乡女子教育的期盼。

> 我想四女师新校舍不久总有建筑，用此砖来点缀点缀，也是千载一时的盛事。
>
> 教育是共和国的保障。我们四女师既得万里长城之砖，自能在造就人才、保障共和的路途上进行了。不过为这块砖计，既入黄山，就不能出洋了。要说它是为贵校牺牲，亦无不可。务必请先生好好的待它。
>
> ——陶行知《送长城砖——给程仲沂的信》

1923年10月10日，陶行知在给程仲沂的信里又说：

中国现在危亡之祸逼在眼前，万万等不及国民小学的学生长大之后，再出来为国家担当责任。我们必定要努力把年富力强的人民赶紧的培植起来，使他们个个读书明理，并愿为国鞠躬尽瘁。

四女师的教务主任金鸣岐，就学校周岁纪念如何办理向陶行知请教。陶行知在 10 月 30 日的回信中说：

省立第四女子中学师范中学实小三部第一届毕业学生合影

我们似宜乘纪念日的盛典，唤起一种勇往直前、改造社会的精神。学校是为社会设立的。学校而没有改造社会的能力，简直可以关门。现在社会要改造的地方很多，我们改良社会的法子无穷。比如用平民教育来改造不识字的社会，使它成为识字的社会，也是一桩很重要的事体。

第二天，陶行知又给四女师的胡自华女士写信：

> 中国二万万女子，恐怕就有一万万九千万没有受过教育。想要把她们都化为读书明理的人，非是受过教育的女子出来万众一心的提倡不可。

在陶行知的爱国主义思想与平民教育思想的感召下，1923年至1924年间，四女师在学校所在地隆阜村连续办了好几期平民学校，读书的平民学生有2500多人，学校与社会结合，隆阜平民教育出现新气象。

当时隆阜有一位69岁的老太太也欣然前来接受扫盲教育。得知此事，陶行知非常高兴，热忱勉励四女师“叫不识字的隆阜化为识字的隆阜，叫黑暗的隆阜在一定时期之内大放光明”，充分肯定了四女师办学的方向和实践。

作为徽州最早的女子中学，四女师在那个国弱民穷的动荡年代，辛苦办学，艰难支撑。它后来改称为“安徽省立徽州女子初级中学”“徽州女子中学”“安徽省立休宁女子中学”“皖南区屯溪女子中学”“安徽省屯溪女子中学”，一路走来，步步不易。中华人民共和国成立以后，男女合校，学校更名为屯溪隆阜中学，直到2016年黄山炎培职业学校挂牌。

茶商崇正学堂

鲍飞立

欣悉黄山市拟将中心城区新安江南岸阳湖村外边溪、阶级头一带改造开发，建成黄山市屯溪外边溪摄影村，其中还将建设茶叶大王吴荣寿（即吴俊德）纪念馆，我作为一个老屯溪人和老二中人，就来说说吴俊德与茶商崇正学堂的故事。

吴俊德（1873—1934），又名荣寿、永柏，歙县岔口人。吴俊德 13 岁时到阳湖一家广东人开设的茶号帮佣，他虽缺文化，却颇精明，逐渐练就一手硬功夫，制茶工序样样精通，毛茶上手就能分辨出产地。后来广东老板回乡，将资产盘点，半卖半送给了吴俊德。清光绪二十七年（1901），吴俊德在阳湖开设怡和茶号，经营“屯绿”。起初，怡和茶号规模很小，大茶行老板根本瞧不起他，也没有人给吴俊德联系茶叶业务。后来，吴俊德得到屯溪致祥钱庄支持，陆续开设怡春、永源、华胜等茶号。到民国初年，吴俊德拥有茶号 18 家，茶工 1000 余人，年产精制绿茶两三万箱，数量几乎占到“屯绿”产量的一半。吴俊德收茶叶时价格公道且说一不二，茶农都愿意和他打交道。在茶叶制作上，吴俊德突出歙、婺两地茶叶色香味特长。在销售上，吴俊德敢于打破陈规，排除上海茶栈中间盘剥，直接与上海洋行交易，快制快销，抢卖好价。第一次世界大战期间，屯溪茶商裹足不前，而吴俊德反而大量储购毛茶精制，年产两万箱。1918 年，“屯绿”国际市

市委党校崇正学堂

知行合一

知行合一

场销路转畅，价格回升，“特珍”茶每担售价高达313两，吴俊德大获其利，赚取银两10余万，声望大著。吴俊德又斥资开设吴美利茶行和吴益隆酱园等，在屯溪街上拥有店铺数十间，可谓富甲乡里，显赫一时。然而好景不长，到了1927年，“屯绿”茶价下跌，洋行趁机操纵市场压低茶价，吴俊德受损甚巨，亏本达10余万元。1929年，安徽东至人、悍匪朱富润（俗称朱老五）火烧屯溪街，吴俊德的数十幢房屋付之一炬，阳湖的家宅也遭焚毁，损失惨重。自此吴俊德资金匮乏、周转失灵，一蹶不振，抑郁而终，享年62岁。

吴俊德于清末曾被推举为休宁县商会会长，他还与屯溪另一大茶商洪其相将屯溪茶业公所改组为徽州茶务总会，担任会长达30年。吴俊德乐于资助地方公益事业，如办学、修桥、筑路、建庙、建公园、组建救火会与渡船会等，还参与救济灾民活动。清末，称雄商界数百年的徽商渐呈颓势，茶叶生意受到机器制茶的冲击，一些有识之士认识到必须在家乡兴办实业教育，于是掀起了一股捐资、集资兴学热。1910年，吴俊德在其住地阳湖投资捐地建设校舍，创办茶商崇正学堂。

茶商崇正学堂为初等农业学堂，又称为徽州乙种农业学堂，以蚕桑为主科，1911年扩增中等农科、预科两班，1912年预科学生毕业后，专办初等农科及附属小学，1913年根据徽州人大多经商的特点，又改设商科，易校名为徽州乙种商业学校。1914年，著名教育家黄炎培前往屯溪考察，其间曾拜访吴俊德，并赴阳湖参观，调研茶业状况。1929年徽州乙种商业学校改办普通小学，属屯溪茶号、钱庄两商公立小学，校名为屯溪茶商小学，校长由歙籍人士、时任休宁县商会执委、休宁县茶业同业公会主席姚毅全兼任。1937年7月，抗日战争全面爆发，8月，姚文采将私立南京安徽中学紧急迁来屯溪，设立徽州分校，借用茶号、小学当校舍开学上课。该校本部和高中部就设在茶商小学。1939年7月，因日本飞机首次轰炸屯溪，该校被迫迁往阳湖兖溪的柏山齐祈寺上课，俗称“柏山皖中”。直至1945年8月抗日战争胜利后，又全部搬回阳湖原校址。是年9月，在姚文采校长提议下，该校迁回南京复校，留下全部图书、仪器设备及部分教师在屯溪成立徽州分校，仍由姚文采兼任校长，直至1949年4月屯溪解放。屯溪茶商小学于1942年改称休宁县阳湖乡中心国民学校（系完全小学）。1951年9月，屯溪工商界著名人士、徽州茶业巨子孙友樵先生（曾任安徽省政协副主席、省工商联主委）在此创办屯溪私立工商初级中学，校长由时任屯溪市工商联合会会长的王维志兼任。1951年10月，根据教育部指示和安徽省人民政府决定，阳湖乡中心国民学校由屯溪市人民政府正式接办，改为公立学校，更名为皖南区屯溪初级中学，并派来首任党员校长王杰（后调往合肥，曾任省外事办主任，正厅级离休干部）。1954年更名为安徽省屯溪初级中学，1961年被徽州行署确定为地区重点初中。1972年又更名为屯溪市第二中学，并增设高中部，成为一所完全中学，1979年被屯溪市人民政府确定为市重点中学。1987年徽州地区改建为省辖黄山市，1988年该校正式定名为黄山市屯溪第二中学。2001年屯溪第二中学被黄山市教育局评定为市级示范性完中。2003年安徽省教育厅正式批复创办黄山市外国语学校，与屯溪二中系一所学校、两块牌子，面向全市招生。

屯溪阳湖茶商崇正学堂是一座坐北朝南、粉墙青瓦的庭院式建筑，为两院三进“四合院”式组合，以我国古代传统的中轴线两厢对称布局。进深58米，面阔29米，占地面积1682平方米。第一道正门为砖雕八字门楼，穿过正门即门厅，门厅五开间。通过门厅是一大庭院，庭院两侧为沿廊厢房。穿过庭院中雨道直通露台式大堂（正堂）。正堂中门照壁上挂“崇正堂”匾额。大堂之后又为一天井及左右厢房。最后一进为寝殿（二层楼阁，现只剩一层）。建筑结构内为大木构架，外以砖墙围护。木构架为“宋营造法”之抬梁式结构，大堂设七开间，寝殿五开间。大堂顶棚前后部为卷棚拱轩；

正脊部为“人”字轩。特别是构架之梁头、驼峰、斜撑、雀替、平盘斗等木构件，均施以精美的雕刻，描金油彩，图案各异，惟妙惟肖。大堂沿口斜撑雕刻栩栩如生，明间是两组大小九只圆雕狮，次间为回纹卷草图，梢间为鲤鱼吐水图。梁枋间平盘斗雕刻绝不雷同，明间左边画面为送亲人牵马出门读书、经商，右边画面为家童扫地迎接亲人衣锦还乡，中间画面为大团圆庆贺。次间平盘斗左雕蟠桃（意祝寿），右雕佛手（喻福寿），其背面均刻如意纹，雀替刻灵芝纹。大堂木柱上挂有启迪后人修身治世之哲理的泥金木楹联，增添了书香气息，昭示了办学宗旨。四周高墙封闭，山墙造型设计独特，有别于分层跌落的徽派马头墙，而形同苏州园林风格。地面为石板铺地，屋顶覆以小青瓦，与白粉墙面对比和谐，色彩明朗。两块刻有“茶商崇正学堂界”的长条形石碑，分别嵌在学堂外墙南北两侧转角缝中，清晰可见。纵观整座建筑，造型古朴，工艺精湛，美观实用，集古、雅、美、实于一体，显示了当时徽州茶商资本之雄厚。

2011 年 7 月，屯溪阳湖“茶商崇正学堂”被整体搬迁到位于黄山市中心城区西部的中共黄山市委党校内，得到妥善保护。

（来源：《黄山日报》2011 年 8 月 9 日）

烟云过往还淳巷

韩加宁

如果说屯溪老街上那一块紧贴一块平整厚重的石板，撑起了繁华热闹的街面；那么，老街两侧分布着的十几条背街巷子，则是它活力不衰的吐纳之脉。

北有华山、长青山、观音山；南有率水、横江汇流而成的渐江。

山，绿茵茵。水，清凌凌。人生于此，濡染风骨。

还淳巷，背街向南，长不逾百米，至宽处四米而止。

老街成于何时，还淳巷便成于何时。

为何名为“还淳”，无从稽考。

据说，早年南端的巷子口上有一座跨巷阁楼，名“鸿楼”。人们便把这条巷子称作“鸿楼下”，久而久之便叫作“鸿楼巷”。为何又变成了“还淳巷”？有人附会，鸿楼下有一餐馆，老板秉持“还淳”为生意信条，故成其名。“还淳”还有还人们淳朴敦厚之风气和新安江下游淳安人集中返乡的水码头之意。

用屯溪话来叫“还淳巷”，感觉拗口且生分。20 世纪 60 年代巷子里设了一个粮站，就在 19 号大屋里，尽管我们常常为买米买油排队排得心里冒火，但我们这帮孩子们包括周边的居民都喜欢把这条巷子叫作“卖米巷弄”。温暖！亲切！叫得响亮，名闻屯溪。

粮站大屋坐东朝西，扼巷子南端入口，出粮站门左拐几步，便有十几级台阶，下到底就是河街。河街与老街的走向一致，街两边几乎全是两层的板壁房。

河滩上用巨石垒成的码头正对还淳巷口。粮站的粮食通过木船从外地溯江运来，然后一麻袋一麻袋地卸到一辆辆板车上，从河街拉上二马路，再从老街转至还淳巷抬进粮站。

热火朝天，米香人欢。一趟又一趟，一年又一年。这情景伴随着我成长，直到粮站迁走了，河街填平了，码头不见了，木船消失了……

物是人非，山在水在巷子在。

为了保护老街，还淳巷里的居民已经迁走。人去楼空，门户闭锁，还淳巷一下子显得空荡荡的。

远离了过往烟云，独守着悠远的沧桑。还淳巷，愈发显得安详、静穆、沉着。

这些天，我去了还淳巷好几次。来来回回，盘桓再三，我在寻找……

1912 年 12 月 16 日，徽州诞生了本土历史上最早的一份报纸。这份 4 开 6 版油光纸单面铅印报纸，名曰《新安报》，高调宣扬推翻帝制追求共和。

她，就创刊于还淳巷。

还有哪些讯息？没有！

《新安报》编者姓甚名谁？是长袍马褂的绅士张三？还是短袄短裤的茶工李四？不就几十户人家么，报纸出自哪家哪户？楼上楼下？革命如同在刀尖上行走，脑袋挂在裤腰带上，胆大“屯溪佬”！

真想找到这些仁人志士哪怕半点记载，却寻访无果！

兴许，这一切如全息影像深深隐没于砖缝瓦垄之中，只有风儿听得见，明月看得见。

遗憾？当然！不过，还淳巷注定就是一条有生命的巷子。有生命的巷子注定有精彩的往事!

巷子南、北两端分别有幢徽派民居，门牌号为19号、8号。

19号住宅一层面积有二三百平方米，二层结构。底层，通透开阔，显然不像普通住宅，倒像是工场。是的，它最早就是华胜茶号的所在。

1931年，九一八事变！1937年，七七事变！

国难当头，山河破碎。太平不在，何来澹泊？

然而，人在志在精神在！

奋起反抗！中国不会亡！教育不会死！

浙江大学西迁贵州！

北京大学、清华大学、南开大学内迁长沙继而西迁昆明！

……

1937年，南京安徽中学从南京迁到屯溪，至此，抗战时期出现一所名叫皖中的学校。

内迁不易，办学更难。校舍、设备、经费……

共赴国难，众志成城，在屯溪茶业公会、茶商及社会贤达慨然出手相助下，皖中得以开学。高中部设在屯溪阳湖，初中部分别设在还淳巷19号华胜茶号以及不远处观音山下的怡新祥茶号里。

包装箱作书桌，两块砖一块木板当课凳，几块布幔分隔开数个班级。艰苦？当然！老师的薪水、学生的温饱，包括学费，还有日寇日益进逼的凶焰……困难如石、忧患如山呀！

别小瞧了这一群小小少年学子！全皖中781名初高中学生，开学之日手捧《创立纪念刊》《国难旬刊》庄严宣誓：为抗日胜利苦读！为国家未来奋发！

于是，还淳巷响起了琅琅读书声和嘹亮歌声。

屯溪老街还淳巷

黄山白岳屹江青，钟秀毓群英。百年之计在今日，更需要上下齐心！歼彼东邻仇敌，重申北伐精神！国仇家恨自难平，且听弦歌声。成仁取义本吾志，趁此时尝胆卧薪，凭仗中流砥柱，重光万里长城！

他们不仅唱这首迁屯溪后的皖中校歌，还吟咏岳飞《满江红》、高唱《毕业歌》！这声音萦绕在华胜茶号内，回荡在还淳巷；这声音刺破阴霾，响彻天宇！

我想，住在还淳巷8号的中医程道南一定会听到少年们的声音。

1933年，19岁的程道南辞别恩师——沪上名医郭柏良，回到还淳巷8号，挂牌行医。

乱世郎中，医人即医国，很难用不为良相便为良医来区分高下。

逃难的人日增月益，被誉作小上海的屯溪已不堪重负。乱世郎中，好一个忙字了得……救不完的人看不完的病！

时运俶扰，民生维艰。医人治其疾，更要启其智！

农工商学兵……一切为抗日，一切为救亡，但必须强身健体才成。于是，程道南与同仁程六如、毕成一创办《新安医药半月刊》，借版《徽州日报》向民众普及防病治病知识和中医治未病理念。

1939年7月22日，日寇的飞机飞抵屯溪狂轰滥炸，从此，屯溪人为了活命，躲避轰炸成为日常。还淳巷的人们，也不例外！一大早，程道南就要扶老携小过渡到阳湖的山里躲避。晚归时，常与19号里的学生同坐一船。学生们回来彻夜秉烛苦读，程道南回来赶紧打开门，给早就在门口等候的或躺或蹲的病人诊治，通宵达旦。

屋漏偏遭连阴雨，那时候，疟疾、疥疮频频流行。隆阜难童养育院疥疮暴发，300名患疥疮儿童又出现严重的水泡化脓症状，脓血黏糊，哀号干天，惨不忍睹。皖南行署卫生科将抢治难童疥疮任务交给了屯溪中医师公会负责医治。七议八论，没有妙方。程道南苦思冥想，反复试验，最终采用硫黄为君药，佐以黄连、苦参等，研末过筛后，再用凡士林掺和拌匀，配制成“硫黄软膏”。个别重症者，再辅以中药煎汁喂服，以收内外兼治之效。渐渐地，难童所患疥疮的化脓症状得以控制而痊愈。程道南配制的硫黄软膏疗效显著，成为疥疮的克星，这种被誉为“一扫光”的良药，城乡共用。

为了学生们的安全，19号的初中生们迁到屯溪阳湖柏山皖中本部，此后19号成为中国工业合作协会浙皖办事处办公地。这里少了琅琅的读书声，多了为抗战物资储备而忙碌的身影。

1944年4月25日，屯溪400多名青年学生参加了中国远征军，奔赴疆场。在这些青年学生中，是否有来自还淳巷19号的初中生呢？至少应该会有皖中的高中生吧！如果有，他们如今身在何处？

办报，读书，治病，制茶，工合……医国医人，精神物质，和谐如一。

宁作太平鬼，不作乱世人。是啊，谁愿意生在乱世！但，既然生在了乱世，如何做人，抉择在己！在剧烈动荡的年代，在极端险恶的生存状况下，还淳巷里的小人物们在历史大格局中所表现出来的，是千百年文化浸淫、淬火而成的骨气和精神。

历史是民族的心灵！

不妨去亲近亲近还淳巷，感受她的温度，聆听她的过往……

（来源：《黄山日报》2016年2月3日）

皖中记忆

吴 静

连续几天的降雨，让空气变得湿闷，道路也变得泥泞，就在这样一个夏日的午后，我们沿着逶迤的山路前行，去追寻一段久已消逝的记忆。

柏山，是我们此行的目的地。它地处新安江的南岸，与屯溪中心城区隔水相望。新安江水绵延不绝，轻柔地从它的眼前飘然流过，那灵动的涟漪用她那缕缕柔情滋养着这座青山，而在这秀丽的青山间却又隐藏着一段鲜为人知的故事。

沿着青草的痕迹，我们向山间行进。听同行的老先生介绍，原来这上山的小径是由石头垒砌而成的，如今，那些阶石都成为村民家中房屋的基石。我们小心翼翼地行走在满是水痕的山径上，两旁的绿树、野草随风摇曳……

轻喘中抬头，半山间临风伫立着一座四角凉亭，快步上前，皖中纪念亭映入眼帘。在亭子前面的柱子上有黄澍老先生手书的楹联："到此少凭栏，触景生情思砚席；临阶毋躐等，升堂入室赖根基。"后柱内侧是伟大的人民教育家陶行知先生名言："千教万教教人求真；千学万学学做真人。"亭子里还立有一碑，上刻《皖中纪念亭记》，文曰：

南京安徽中学徽州分校，简称皖中，前身为南京安徽公学。创办

屯溪阳湖皖中纪念亭碑记

于清光绪三十年，时称安徽旅宁公学，一九二三年，陶行知先生长校，始更名为南京安徽中学。抗战军兴，继任校长姚文采先生，为延续教育命脉，为国家培养人才，率同流亡师生，辗转来徽，建立分校。迁屯之初，借茶号及茶商小学授课，艰难共济，辛苦支撑，敌忾同仇，弦歌未辍。一九三九年夏，敌机肆虐，再迁柏山，修葺扩建，规模乃具。柏山林泉清静，景物绝胜，莘莘学子，负笈来归。古寺钟声，闻鸡起舞，明耻教战，风雨同舟，读书与救亡，一时蔚然成风。凡学于斯、业于斯、游于斯者，无不引以为豪。岁月不居，距今已半个世纪。昔之为志士、为仁人、为专家、为学者可屈指者众矣；而今之蜚声中外、于祖国有卓越贡献者，亦不乏其人。虽人人际遇不同，而起步即始自柏山。青山依旧，校宇则历经浩劫，荡然无存。中心藏之，孺慕难忘，此所以有建亭柏山之倡议，而又得以集巨资而付诸实现也。柏山，为屯溪筹建景点之一，皖中纪念亭之建立，当为景点留一历史性之佳话。

黄山市南京安徽中学校友会

公元一九九三年十月

从碑文中我们了解到，此地是皖中旧址。皖中是南京安徽中学徽州分校的简称，而南京安徽中学是20世纪20年代陶行知等在南京开办的一所私立完全中学。南京安徽中学于1937年抗日战争中迁往屯溪，设立徽州分校，初迁屯溪时，校舍分三处，学校办公处和高中部设在阳湖，初中部分别设在屯溪观音山和还淳巷。1939年8月，学校又从阳湖迁往柏山齐祈寺继续办学。中华人民共和国成立后，皖中更名为私立行知中学，1950年并入屯溪中学。

沿着山路继续向前行走，一棵老树挡住了我们的视线，众人纷纷猜测树的年龄及树的品种，但我们都非专业人士，望着绿荫如盖的大树，自然是无法下定论的。绕过老树，一片平缓的山坡地出现在我们眼前，当年的皖中校舍便是建在这片坡地上。向导介绍，在这片坡地上不仅建有校舍，还建了两个体育场，那时在这里读书的学生就有几百号人……在这片如画的山坡上，在那个风雨飘摇、百业俱衰的年代，是什么精神和力量在支撑着他们，居然能把学校办起来，办下去，培养出众多人才，就连体育都没落下？想那时这片山坡是怎样的热闹，是怎样的朝气蓬勃！如今，那“莘莘学子，负笈来归，古寺钟声，闻鸡起舞”的景象虽已不复存在，但在这空旷的原野上，我们仿佛仍然能够听到他们的歌声……

回眸望去，老树依旧参天，任岁月如何变迁，它依然深深地扎根于大地，轻盈地舒展着枝蔓，用激情拥抱着春夏秋冬，用坚韧迎接着大自然的凄风苦雨，在纷扰中安然地守候着一份静谧和从容。

隆阜：在教育史上留下光彩篇章的一条老街

方利山

在我国的教育发展史上，屯溪隆阜老街以其深厚的历史底蕴和丰富的文化积淀书写下了浓墨重彩的一页。

据史志记载，隆阜戴氏历史上共出了41位进士和举人，江西“西江四戴”与浙江“归安五戴”的祖籍都是隆阜，而清代思想家戴震（1724—1777）是清中叶皖派朴学的领军人物，“前清学者第一人”。戴震朴学以求真求是为标识，他广治天文、地理、文字、音韵、训诂、考据，强调首在“识字”，“由字以通其词，由词以通其道”，力求“十分之见”，反对轻语言文字，“凿空言理”。主张为学“不以人蔽己，不以己自蔽”，但宜推求，勿为株守。戴震著作中处处可见这位思想家闪光的智慧，是中华优秀传统文化的宝贵财富。

清末民初，隆阜更是兴学成风，各种学堂如雨后春笋般涌现，隆阜老街上下前后竟有12所中、小学堂。为了在东原故里创办新式学校“安徽省立第四女子师范学校”，唤起女性“一种勇往直前改造社会的精神”，陶行知、江彤侯、洪范五、胡晋接、方新、程宗泗（字仲沂）等一批教育家为此付出了巨大的心力。陶行知费心尽力地聘来了才女陈学昭、北大第一届9名女生之一的程勤若等名师，还特意把朋友所赠的一块长城砖转赠给四女师。并在致校长程宗泗的信中说：“教育是共和国的保障。我们四

屯溪隆阜老街

戴震纪念館

女师既得万里长城之砖，自能在造就人才、保障共和的路途上进行了。”“我们必定要努力把年富力强的人民赶紧的培植起来，使他们个个读书明理，并愿为国鞠躬尽瘁。”

在陶行知平民教育、社会教育思想指导下，四女师还在隆阜老街开办了平民夜校，读书的平民学生一度达到2500多人，学校与社会结合，隆阜平民教育出现了新气象。当时，隆阜有一位69岁的老太太欣然前来接受扫盲教育，陶行知得知此事后，高兴地说，这是一件最可庆贺的事，这是叫不识字的隆阜化为识字的隆阜，叫黑暗的隆阜在一定时期之内大放光明。

1924年，为纪念戴震诞辰200周年，陶行知、胡适、梁启超、范源廉、许世英、蒋梦麟等人首先发起，隆阜戴震族裔戴英、戴绳武、戴龙荪等人也积极参与，在隆阜老街上创办了“戴氏私立东原图书馆”，图书馆成为百姓读书看报、接受文化教育的场所。戴英还在隆阜办起了徽州第一所农技学校。

正如胡适所言：“我们徽州人在文化上和教育上，每能得一个时代的风气之先。”隆阜老街流传有这样的民谚：“听雷下雨，闻风而动。”是说千年隆阜历史悠久，但对历史新潮一直都很敏锐，追赶时代脚步的声音不绝于耳。作为徽州文化的一部分，“隆阜教育”给人留下了深刻的印象，陶行知给四女师送长城砖的故事值得细细品味。教育，是中华民族复兴的基石；教育，也是美丽徽州的未来！

溱川小学堂 百年话新学

舒 俊 / 文图

被朱熹誉为“呈坎双贤里，江南第一村”的黄山市徽州区呈坎村，面临溱川河。在100多年前的“废科举，兴学堂”潮流中，溱川小学堂在溱川河畔应运而生，迎来一批批新生，又送走一批批毕业生，在历史的长河中书写着徽州教育的新篇章。

呈坎历来有文会组织，按惯例每年正月初的某一天，在文会馆内由会长主持座谈。在1905年正月初的那次聚会上，留日学成回国的罗会坦、罗运松、罗会珪三人提议在呈坎创办一所新制小学，得到了文会主持人罗凌轩及村中开明人士的支持。如今已76岁的罗会定（罗运松侄儿）对这段历史了然于心。办学经费由祠堂、文会负责筹集，校舍由罗运松绘图设计。校舍于1905年2月开建，至同年9月，溱川两等小学堂顺利竣工。

学校以罗氏宗祠为校舍，一改往日私塾读四书五经和只招男生的做法，实行男女同校，采用商务印书馆印制的统一小学教材，开设国语、算术、历史、地理、自然、常识、体育、音乐、图画、外语等新课程，以崭新的面貌，向沿袭几千年的私塾挑战，成为徽州推行新制教学的先行者。

然而，正当大家满怀喜悦开始招收第一批学生的时候，却遭到本村守旧势力的冲击，发生“捣毁洋学堂事件”，致使开学受阻。“后来村里的革新派为这事到县里告状，歙县知事蔡世信支持恢复学堂，平息了风波。”

1906年，董事会重修校舍，恢复溁川两等小学堂原貌，举行开学复课典礼（徽州区呈坎村溁川小学堂老照片，罗会定提供原图翻拍）

站在当年的母校——溁川小学校舍内，罗会定告诉记者，事后董事会立即带领民众重修校舍。新校舍修复后，蔡知事莅临祝贺，参加隆重的开学复课典礼，并亲笔题写“溁川小学堂”校匾。当时全校校董和教员还在学堂门前合影留念，一张老照片真实记录了当年复课的难忘时刻。

“1910年，在校的包括毕业生有110多人，教师十几名，都是本村人，到20世纪40年代，学生多了，就外聘教员。”罗会定说。1910年，溁川小学堂20多名学生完成学业，顺利毕业，罗

徽州区呈坎村潨川小学堂

会定的家中至今还保留着那张1910年举行首届毕业生典礼的珍贵照片。

1930年，呈坎另外两所学校因生源不济而并入潨川小学堂，潨川小学堂改名为潨川乡完全小学。1949年后，学校改名为呈坎小学、呈坎中心小学。1954年，学校规模扩大，校址迁入罗东舒祠。1994年，在罗东舒祠东侧新建了校舍；1995 年 2 月，在呈坎村北新建了校区，同年 8 月竣工。这个新校区由中国石油天然气总公司捐助 25 万元兴建，因此学校改名为徽州区石油希望小学，成为黄山市第一所希望小学。2013 年，中小学合并后，成立了九年一贯制的呈坎中心学校。

因为崇尚知识，呈坎文化教育事业发达；亦因为重视教育，呈坎出现了众多英才。潨川小学堂自 1905 年创办至今已有 100 余年历史，培养了一大批专家学者，投身到振兴中华的大潮中。如数学教授罗运楷、文博专家罗长铭、中西医专家罗敏修、艺术大师刘海粟的得意门生画家罗会煜，以及数学名师罗会煌、化学教授罗会烈、物理学教授罗辽复等。

水有源，木有根，文化教育是地方兴盛的水源木本。如今，当年的潨川小学堂已成为全国重点文物保护单位“呈坎古建筑群”的一部分，小学堂门前的潨川河仍静静地流淌着。这里是徽州民办新式学校的摇篮之一，我们相信无数先贤前辈重学兴教、培植人才的光荣传统，也将不断得到弘扬光大。

（来源：《黄山晨刊》2017 年 8 月 4 日）

方与严的“伊小”情缘

舒 俊 / 文图

徽州区西溪南镇有一个偏远的山村——伊坑，这里不仅有优美的自然风光，还有一所具有百年历史的伊坑小学，陶行知的学生、亲密战友方与严就曾在此任教。

紫阳师范毕业，方与严任教伊坑小学

一所百年老校的背后究竟埋藏着怎样的过往？2017 年 7 月中旬，记者寻访到现居住于西溪南镇芝篁新村的余英义，他的父亲曾在伊坑小学就读，他的祖辈参与了学校的创办，而他本人正在整理伊坑小学沿革史，希望能完成父辈的遗愿。

“余镳是我的太祖父余椿甫（又名余寿椿）的叔叔，在楚北一带经商，受辛亥革命思想影响，于 1912 年回到家乡。他看到村民生活困苦，孩子又缺少教育，即萌发兴办学堂的想法。克服重重阻碍后，余镳终于接到省府批准办学的批复，便和村民一起着手筹办学校。办校的资金靠资助筹借，校舍利用的是‘余氏祖社’。余镳聘请罗田的方槐三（教育界知名人士，与陶行知、方与严、姚文采相交甚密）、王充的方与严来任教。农历四月

二十八日学校正式开学。余镳将20余名学生全部重新取名，改用斜玉旁，意为玉不琢不成器，如汪孝琁、余金珷、余廷珍（又名余席儒）等。第一批学生个个精通算盘、毛笔字。”一段尘封已久的记忆，在余英义的叙述中，慢慢变得鲜活起来。

筹办30年校庆，方与严回伊小演讲

方与严（1889—1968），安徽歙县西乡王充人，1910年毕业于徽州紫阳师范学堂，青年时期在歙县王充、伊坑、槐塘、唐模、县城担任过小学教师、教导主任、校长。1927年3月15日，陶行知在南京郊区晓庄创办乡村试验师范学校（晓庄师范）的消息传入家乡，方与严敬佩陶行知的魄力和勇气，决定投奔晓庄。方与严是陶行知教育思想最早的实践者之一。

余英义叙述道："1940年受廖承志委托，方与严到泾县茂林与项英首长联系，返回时特地到伊坑小学，并召开村民大会，宣传抗日。他还亲自察看选定一处山坡（俗名狮尾巴）为新校舍校址，并在此筹办30周年校庆。方槐三、方与严还与我太祖父余椿甫一起在新校舍奠基典礼上合影。照片上，方与严身穿白大褂，方槐三身着青蓝色大褂。当时参加校庆的有来自潜口、唐模、灵山等地的小学师生百余人，还有汪世清等知名人士。方与严将《生活教育》《儿童科学丛书》等书籍赠给学校，并亲书贺联，上联是'联合余吴汪三姓，反对强权，反对压迫，奋斗三十年，始有今日'，下联是'团结全民族一心，争取自由，争取平等，胜利定到来，期在明春'。在庆祝大会上，方与严作了长篇演讲，宣传党的抗日救国主张和陶行知生活教育思想、小先生制。潜口二八社还演出了文明戏与京剧，汪法震同志教大家唱《义勇军进行曲》《大刀进行曲》《夕阳颂》等革命歌曲，整个活动持续三天三夜。"

村两委尊师重教，发动村民新建校舍

中华人民共和国成立后，"余氏祖社"左边前半部分倒塌，20世纪50年代，村里在社屋旁边重新修建了伊坑小学。余英义动情地说："当时上面还有'歙县伊坑小学'字样，全是繁体字，现为废弃的茶厂，边上就是大队部。1974年后，学生增到240余人，老师8人，原校舍无法满足上课的需求，在我父亲余延庆（时任村党支部书记）的带领下，村两委重新选址，兴建了有6个教室、8个房间的新校舍，这个新校舍就是现在你们看到的伊坑小学。后来没经费，村党支部又拨出山场，发动村民、学生开挖并栽

徽州区西溪南镇伊坑村伊坑小学旧址

上茶棵、山茶籽，学生开展勤工俭学，走农科教结合道路。”

2016年，学校撤并，伊坑的学生都到西溪南或者岩寺读书，余英义还时不时到伊坑小学转转。他向记者提出一个请求：“伊坑小学老大队部全是木结构，年久失修，无人管理，楼板已经烂掉。原来村里开大会可容纳千人，可现在已无法上楼了，希望能引起各方的重视，加强保护。”

（来源：《黄山晨刊》2017年07月27日）

黄炎培日记中的黄村小学

李璐颖

1914年的初夏，几位外乡人坐着轿子，带着挑夫，出现在徽州休宁的一个小村子——黄村。很快，他们的到来让这个隐匿于深山中的静谧小村热闹起来。好奇的村民经一番询问后得知，村里来了位大人物黄炎培。

此次出行，黄炎培是以《申报》记者的身份，对安徽、江西、浙江三省的教育情形进行实地考察，希望以此了解江苏周边省份的教育实况。同行的顾志廉负责记录，吕天洲主管摄影。三人从上海启程，乘坐沪宁线火车到达南京，再转向芜湖，一路向西经过大通、铜陵、安庆、九江，然后向南到达南昌，再经过饶州、景德镇，进入婺源。他们从婺源沿古道，越浙源岭，进入休宁县境内，“自溪口行七里至石田，八里至小当，十五里至汪金桥，十里至黄村”。

黄村是一个清幽和煦、充满诗情画意的山村，给黄炎培留下深刻印象的是位于村中心的“黄村小学”。高山深处，书声琅琅，浓厚的学习氛围让黄炎培赞叹不已。他在日记中曾这样记载：

黄氏小学者，设于水口庙。校舍光气颇合式，盖黄氏族学也。晤黄君涤原及定甫，朱君锡虞，皆尝习师范或肄业中学者，出示学校成立史，以民国纪元前三年创办。学生四十人，男女皆收，高小一年为

休宁县商山镇黄村小学

黄村小學
黄山市文物保护单位
黄村小学
百年学堂—黄村小学
Centennial School ------Huangcun Primary School

一室，初小一年至四年合为一室。规定值日生、职务、时间表，配置有声无声皆中度。于正课外，仿自治办法设学生会，令其练习。规定操行考察法，分质直、中礼、无饰三项，以完全为最上。谈次，深以教室在楼上，又无学校园为大憾。如此良好之教员与小学，不图于深山窎僻处得之。

黄村小学始建于1898年，原来是一所由黄氏宗族筹资创办的私塾，发起人为黄厚基。1910年，清政府学部公布了《改良私塾章程》，私塾因此变身为新式小学，成为安徽省第一批新式小学堂，名为“黄氏二等小学”，黄厚基的次子黄开祥为首任校长，校址设在上下黄村之间的关帝庙。黄氏族人对教育非常重视，每年从黄氏宗祠拨100担稻米作为学校的办学经费。学校以“勤谨”二字为校训，对本族子女实行免费教育，对外族子女入学适当收费，对贫困家庭酌情减收或免收学费。1940年，为适应教育发展的需要，学校建新校舍，并更名为“黄村小学”。

黄炎培在日记中写到，这所学校有三位老师，有的从师范毕业，有的还在高中就读，一所乡村小学的老师能有如此文化素质，实属难得；40名学生中有男有女，交通的闭塞并没有束缚人的思想，女孩也有同样受教育的机会，实属不易；制定校规学制，年级划分合理，提倡德才兼备，如此好的学习风气和教育理念，实属可贵。日记结尾处，黄炎培更是由衷地赞叹：在如此偏僻的山村，却能看到如此良好的老师和学校，真是没想到啊！

（来源：《黄山日报》2019年6月25日）

陶行知故里歙县行知小学创校经过

许毓萍 / 文图

1946 年 7 月 25 日，陶行知先生在上海因突发脑溢血逝世。当夜，陶行知的亲密朋友、同事和同乡许士骐为陶行知拓制了“面模”和“手模”，以供后人凭吊和纪念。

许士骐（1900—1993），安徽歙县人，早年毕业于上海美术专科学校，1927 年陶行知在南京晓庄创办晓庄试验乡村师范，许士骐应邀到晓庄师范执教月余，与陶行知结下数十年的友谊。20 世纪 30 年代，许士骐留学巴黎美术学院，后在德国德累斯顿卫生博物馆研究艺用人体解剖。回国后，许士骐历任南京中央大学艺术系和建筑系教授、南京师范学院美术系和教育系教授、九三学社上海市委顾问、中国美术家协会会员、中国陶行知基金会顾问、新安画派研究会顾问。

1947 年初，许士骐回到阔别十年的家乡歙县，目睹家乡儿童大量失学，想起自身经历，痛心不已。为使家乡的贫苦儿童能接受教育，不致文盲遍地；也为纪念挚友陶行知，完成陶行知普及教育计划，发挥其教育上创造的精神，许士骐决定在家乡创办一所小学。此后，许士骐多方筹措资金，历经种种挫折磨难，艰难办学。许士骐曾在《创办歙县行知义务小学——如何纪念陶行知先生的伟大精神》一文中这样写道：

我整整十个年头，没有回过故乡歙县。在去年年底和我的大哥娃儿一同归去。一则以喜，一则以忧，一别十年，得与父老乡亲，重行握手

歙县上路街歙县教师进修学校（行知小学旧址）

言欢，这当然是一桩快慰之事，可是直接感觉的，内地生活普遍的贫穷和教育的低落，失学儿童比比皆是。我们自认是教育界的一分子，当然负有如何普及教育的责任，这是我个人中心担忧，并且万分惭愧的。我想起陶先生毕生尽瘁教育事业的伟大精神，他要打破一切困难的关键！我个人的担忧和惭愧，有什么用呢？时至今日，须要拿事实来纪念他，完成他普及教育的计划，继续发挥他在教育上创造的精神，所以我决定在他的故乡创办一所小学。

兴学最重要的先决问题就是经费。在中国整个贫穷社会里，募捐这两个字实在令人头痛。我想出了一个原则，惠而小费，利他无损于己，来推行每人捐助一万元扩大活动。在歙县时招待各界晚餐，同时宣布我要办一所小学，来纪念陶行知先生。当时县长陈道生，县参议会议长方念谐，县立中学校长凌枢臣，商会长杜朝平，邑绅鲍泳松、方晴初、徐溥人等二十余人一致赞助，我在故乡一共六日，完成了初步工作。

回上海后，歙县同乡会开理事会，我就顺便将这一次兴学计划，请大家指教，首蒙曹叔琴和刘紫垣两位乡长的热心赞助，使我十二万分感谢。

（摘自 1947 年 3 月 15 日《生活教育通讯》）

在众人的支持下，许士骐“抱定只许向前、不许后退之宗旨，毁誉在所不计”（1950 年卢惠安先生一文语），不断筹募经费，并将兴办的义务小学命名为“歙县私立行知小学”。

同年，许士骐在上海设立“行知小学驻沪办事处”，同时成立“歙县私立行知小学董事会”。董事会组织规程中明确规定：“本会以筹措经费，兴办义务教育，救济贫苦儿童及纪念陶行知先生之教育精神为宗旨。”董事会先后聘请许士骐、鲍泳松、刘紫垣、方炜平、凌集机（注：即凌枢臣）、江远波、姚文采、曹霆声、程君瑞、曹叔琴、王杏滋、孙维嵩、汪寄严、方晴初、汪己文、吴树琴、项厚轩、章载功、张国良、马侣贤、曹述雍、许德臣等为董事，筹集办学基金。据1947年2月17日《徽州日报》报道：

名画家许士骐教授，由歙返沪后，前在黄山艺苑茶会招待旅沪歙县同乡会全体监理事二十余人，报告拟在歙创办行知义务小学，以纪念故教育专家陶行知先生，推行每人一万元运动。国大代表刘紫垣除个人捐款五十万元外，并募捐两百五十万元，合计三百万元，定月底交款。同乡会监事曹叔琴于会后两日内募法币一百万元，业已转交基金保管委员会王杏滋存庄生息……

九月初，许士骐“再度返歙，筹备开学，里人闻讯，报名学生近两百名。因校舍无着，将舍间老屋大厅（注：上路街许氏祖宅）作一年级教室，又商借节孝祠为第二教室。以校具不敷应用，暂收学生百余名，学杂费全免，聘唐养其（明性）君为校长，卢惠安君为总务主任，江钟棣（兼任总务），毕肖秋（兼任教导主任）、黄梅卿诸公为教员”（摘自许士骐文）。歙县私立行知小学于9月5日正式开学。

许士骐在开学之际，“觅地建校，幸闻孙献春在邑城上路后街问政山麓一真庵前有旷地三亩，愿半价售为校址，并蒙请江远波、王共明襄助商定而成”。另外，江蓉湄等户又襄助空地一片，达八亩有余，足敷校舍之用，“其地静而不避，紫阳在望，于诵读尤为适宜”。

又据同年11月1日《徽州日报》报道：“许教授精研六法，蜚声中外，此次返歙创办行知小学，推行义务教育，造福桑梓，为筹建行知小学舍义卖字画，有扉页、条幅四尺（五尺）中堂等。”据记载，当年筹募基金共6294万元。

11月16日，由卢惠安具体负责的校舍建筑开始动工，校董、时任国大代表刘紫垣正在歙县，许士骐特请其主持校舍奠基典礼。许士骐报告设校原意及创办之经过，阐述生活教育，并要求按名教育家陈鹤琴教授设计的校舍图样施工。在施工过程中，“建筑经费支绌，则蒙请同乡章冀臣、载功昆仲，尤其是载功先生慷慨赞助，首先认捐六仟万元，嗣后物价上涨，工资材料骤增，照原来计划相差甚远，章先生又增捐壹亿贰仟万元”。当时，许士骐的大哥许维周准备返歙监修校舍，并将寒衣400余件亲自包装捆扎，拟即启程分发各生应用。不料，因连日辛劳过度，许维周于12月28日患脑溢血逝世。许维周家人又将亲友致送的赙仪4800余万元全数捐助学校建筑新校舍之用。卢惠安在许维周鞠躬尽瘁、死而后已的精神感召下，克服重重困难，协力工作，日以继夜，历时48天，新校舍终于建成。是年，学校建成围墙和第一幢教室，即工字形校舍当中一列主体结构，计有教室4间，办公室、储藏间各2间，中间有穿堂。次年4月，学校建成第二幢教室，后陆续建成“素娥亭”（此为纪念许士骐二嫂素娥女士之赙仪捐献办校而建）、厕所、厨房、校门等，整修节孝祠大厅，改为行知大礼堂。

歙县私立行知小学基建主要项目一览表
（1947—1950年）

完工日期	基建项目	基建经费	备注
1947年	购置校地	290万元（法币）	
1947年11月	第一幢教室	2679.145万元（法币）	九列八间
1947年11月	前面围墙	863.395万元（法币）	
1948年4月	第二幢教室	23420.249万元（法币）	十列九间又横教室二幢
1948年4月	素娥亭	385万元（法币）	
1948年9月	厕所	21元（金圆）	唐澍士赠大粪缸3只
1949年1月	厨房	700元（金圆）	
1949年5月	校门	10250元（旧值人民币）、米两石四斗二升	
1949年9月	整修节孝祠，改建行知大礼堂	21000元（旧值人民币）、米三石八斗二升	

1948年8月，在柳戟门、柯敦厚的周旋协助下，学校登记注册手续办理完毕，经当时的歙县教育局批准，正式启用“歙县私立行知小学”钤记。同月，唐养其请辞校长一职。为帮助尽可能多的学童脱盲，在生活中行教育，教学生以生活能力，许士骐兼任校长，并聘王共明为代理校长。一年后，许士骐极力邀请自己的挚友项厚轩出任校长。他在给项厚轩的信中这样说道：

厚轩吾兄：

由沪转来手书均经诵悉，兄为乡里服务不辞劳苦，甚为敬佩。惟兄多年以来在徐州经营麦作事业，劳瘁不堪，致影响个人身体健康。此次参加本县生产工作，卓著劳绩，当注意实际生活，万不能过分操劳。

行小多仗兄在乡里劝导各方合作，推进教学，谨为一百余清寒学童感谢。兄此次辞谢徐州任务，能在乡里多住，同仁雀跃。弟应旧事重提，行小校长一职非兄莫属，并非个人主观见解，当亦地方人士所拥护，弟日内即需返沪，召开校董事会议建议此事……

行小一切账目以及嗣后按月汇款和报销等，拟即任（指南大任职）一结束则办理。行小教员学习宜加紧进行，报纸校中必须备一份，以便研究时事问题及革命理论。返沪后拟即采购大批新书籍寄歙，供先生参阅。

上次卢先生（卢惠安）寄来义养会《保卫世界和平讨论提纲》分为四项，庆祝人民政协讨论提纲八项，应即交教务会议各先生共同研讨，或请当地文教科先生及民主人士莅校演讲，不必寄弟。卢先生关于教育问题，应先与兄商量办法，此不属总务范围，应交教导主任负责召集会议。学生课业写作应选优良作品投寄义养会刊发表，各种活动应按时举办进行，不能老是这一套，任旧贯脱离时代。弟个人因写作和预备教材太忙，不能和本校诸先生通讯，兄传达此意为歉。

农作生产要请卢先生加紧进行，利用课余时间开垦荒山荒地，领导学生工作，并非请他一人辛苦，要起模范作用。

当有其他问题，俟弟返沪后再告。

即致敬礼　本校诸先生候上

弟士骐

1949.11.12

原在苏北徐州小麦研究所工作的项厚轩接任校长后，在困难条件下（学校无钱发放薪资时，项校长靠变卖铜制器皿和一些暂不使用的家具维持一家的生计），深领许士骐的办学宗旨：“纪念人民导师，景仰陶老夫子，我们要扫除文盲。要实行生活教育，手脑并用。创造真理，前进，前进，努力不已……”（摘自许士骐先生作词之《行知小学校歌》）团结全校师生，实行“教学做合一”，开荒地，建苗圃，培育果木树苗，又辟场地，搞小麦优良品种试验，“在做中教，在做中学”。行知小学培育的树苗（主要是悬铃木和刺槐），曾供给县人民政府和县城几所中等学校栽植。试种的 19 个优良小麦品种曾在“行知堂”展出，参观者达 1500 人次。当时的《皖南日报》曾以显著版面作了专题报道。校内其他课外活动分时政学习、文娱活动、体育卫生、农技生产四个组开展。学校还推行陶行知先生首创的“小先生制”，组织学生到县城北关、新路夜校开展扫盲活动。1951 年 10 月，杜维佑县长在给许士骐等校董的复文中作如下批示：“你校为纪念人民教育家陶行知先生而创设办理以来颇具成绩，自项厚轩担任校长后，工作日有开展，仍就维持原来校制，校长亦不必更换。”

歙县行知小学，在涓涓爱流中诞生，在陶子熏陶下发展，走过 70 年风雨沧桑，今拾取大海浪花一束，无他，仅记不忘初心之志，寄继往开来之愿。

（来源：《生活教育》2017 年第 8 期）

安徽省行知学校

安徽省行知学校 / 文图

安徽省行知学校地处陶行知先生故乡——安徽歙县，是首批国家改革发展示范中职学校。学校占地 700 多亩，建设面积近 12.2 万平方米，有全日制在校生 2000 人左右，在编在岗教职工 120 人，其中高级职称教师 51 人，“双师型”教师 102 人。学校拥有汽车维修实训、非遗传习等 2 个

歙县安徽行知学校

国家重点建设的实训基地，建成汽车运用与维修、民间传统工艺（徽州砖雕）、民间传统工艺（徽州木雕）3个省级示范专业，开设18个紧密贴近地方经济发展的优质专业。

为更好地实践陶行知先生的教育思想，1983年，经安徽省人民政府批准，歙县第一中学更名为“安徽省行知中学”。2009年，经黄山市人民政府批准、安徽省教育厅备案，安徽省行知中学更名为“安徽省行知学校”。学校2014年获评首批国家中职改革发展示范学校，2023年获评安徽省优质中职学校，跻身全国中职教育第一方阵。

建校40年来，安徽省行知学校始终践行陶行知教育思想，打造“知行合一、强国有我”教育品牌，倡导“做行知人、走行知路、铸行知魂”精神内核，开展“求真、生利、创造”的校训行动，推行“面向人人、校企育人、生利成人”的职教模式，培育浓厚的行知文化。安徽省行知学校先后荣获国家中等职业教育改革发展示范学校、国家重点中等职业学校、全国教育系统先进集体、全国中小学中华优秀文化艺术传承学校、全国第三届黄炎培职业教育优秀学校、全国职工教育培训示范点、全国“学陶师陶”先进单位、全国科研教改先进实验学校等荣誉，打响了具有浓郁地方特色的职业教育优质品牌。

屯溪一中溯源

郁祖权

屯溪一中的历史不长，我原来只知道它是由四所学校合并而成，其他的就不太清楚了。2014 年，黄澍的小女儿吴山给我寄来吴兆民著《春风时雨——黄澍传》（以下简称《澍传》），书中详细记述了屯溪一中的历史；我的孙女铭萱在南京三中读书，她带来的《我们的老校长陶行知》一文中也有关于屯溪一中的记载。对于我这个“老一中”人来说，就所读到的内容谈些感受，也是一件有意思的事。

屯溪一中原名皖南区屯溪中学，1958 年 9 月，我到屯溪中学工作，问一个老人：“屯溪中学在哪里？”老人说：“在黎阳，邵家祠堂。”我心想，这么一个颇有名气的学校怎么建在一个祠堂里呢？

《澍传》里记载：

明清时期，随着徽商的繁荣，黎阳出现了汪、邵、任、陈四大家族，他们大都在江浙湖广一带经营盐业、典当、钱庄等，且出了不少学而优则仕的大官。其中邵家在黎阳建有两座祠堂，一座为世科祠，一座为总祠。世科祠供奉邵氏历代祖先中以进士为代表的有功名的祖先，原址在屯溪中学大门至老教学楼，老教学楼就建在祠堂享堂上。世科祠东大路上，立有几座牌坊，抗战时只剩下一座刻有“娣姒双贞”的贞节坊，旌表清代乾隆年间共同守节的妯娌，但在屯溪中学建校时拆除。总祠在黎阳街上，抗战时邵氏后裔遵循陶行知办学精神，将总祠改作高阳乡中心国民学校。

皖南区屯溪中学始建于1949年8月1日，它是由四所学校合并而成的。

一是安徽省立屯溪工业职业学校。该校创办于1944年，校址在屯溪高枧，经费由省政府拨付，学生全部公费。学校设高级化工科、高级纺织科两个专业，每年在徽州地区招收初中毕业生一个班50人，学制三年。1949年4月屯溪解放，皖南区行署接管该校，改建为普通完全中学，定校名为皖南区屯溪中学，成为后来四校合并的皖南区屯溪中学的主体。

二是私立建国中学。该校创办于1940年春，校址在梅林（现属屯溪区新潭镇），同年秋迁屯溪黎阳邵家祠堂，1949年8月底并入皖南区屯溪中学。

三是私立行知中学。原名南京安徽中学徽州分校（简称皖中），抗战胜利后校本部迁回南京，部分教师和全部图书、仪器设备留在屯溪，1949年7月经屯溪市人民政府批准，改名为私立行知中学，郑郁予任校长，次年3月并入皖南区屯溪中学。

四是私立南京现代中学。该校1930年创办于南京，抗战初迁至休宁五城，再迁休宁潜阜，后迁屯溪黎阳，一直保持初中规模，1949年8月并入皖南区屯溪中学。

皖南区屯溪中学成立之初，校舍不足，高中部暂设于高枧，初中部设于黎阳邵氏宗祠。汪启恩任校务委员会主任。

1949年在校生542人，教职工51人。1950年3月高中部迁回屯溪黎阳，与初中部合校。

1958年我一进学校就感到这所学校很不寻常，书声琅琅，秩序井然，师资力量更非一般学校可比。

就小小的数学组来说，老师有胡术五（毕业于南京高等师范学校）、罗运楷（毕业于南京中央大学）、金德立（毕业于同济大学）、方荣邦（毕业于武汉大学）、黄澍（毕业于浙江大学）等，就连程铨顺也读过复旦大学（抗战时在徽州），像我这个安徽师范学院的牌子在这里根本就算不了什么了。教研组的书架上放了许多他们读过的大学教材，有的是英文原版。胡术五曾对我说：“一个高中数学教师必须具备能教‘一二三’的基本功，即《范氏大代数》《斯盖二氏解析几何》和《葛斯龙三氏微积分》”，他还把这三本教材赠送给我，其中《葛斯龙三氏微积分》就是他本人和余介石合译的。

关于私立南京现代中学，我略知一点。我的岳父罗会煌曾在该校任教，校址在潜阜，我爱人罗时梅那时才四五岁。20 世纪 60 年代，我带学生到潜阜劳动，就住在这个校园里。罗时梅的外公谢育华是陶行知的同乡好友，陶行知 1934 年 7 月发表的《行知行》一文中记录了他们的一段对话：

> 谢育华先生看了《古庙敲钟录》之后对我说：“你的理论，我明白了，是‘知行知’。知行底下这个知字是安得何等有力！很少的人能喊出这样生动的口号。”我向他表示钦佩之意之后，对他说：“恰恰相反。我的理论是‘行知行’。”
>
> ……“既是这样说，你就应该改名了。挂着‘知行’的招牌，卖的是‘行知’的货物，似乎有些不妥。”
>
> 改名！我久有此意了。在二十三年前，我开始研究王学，信仰知行合一的道理，故取名“知行”。七年前，我提出“行是知之始，知是行之成”的理论，正与阳明先生的主张相反，那时以后，即有顽皮学生为我改名，常称我“行知吾师”。我很乐意接受。

关于私立行知中学，我想多说一些，因为陶行知先生一直关心着家乡未来一代的教育和成长。

1904 年，安徽旅宁人士在南京创办了安徽旅宁公学，蒯礼卿任校长。1912 年学校更名为上江公学，后又恢复为安徽旅宁公学，因时局不定，时办时停。1923 年南京安徽公学成立，陶行知、姚文采被推选为正、副校长，洪范五是校董之一。1924 年 12 月，陶行知发表《南京安徽公学办学旨趣》一文，他指出：

> 五四以后，安徽学潮屡起，学生不能安心肄业，纷纷投到南京求学的，源源不绝。但南京学校格于种种限制，有志有才的学生不免向隅。安徽旅宁同乡会和旅宁同学会看此景况，深表同情，就联合起来

共谋上江公学之恢复，于十二年秋季开学，改名为南京安徽公学。所以，安徽公学的设立，是迫于一种不能自已的同情心。因为安徽旅宁前一辈的人，对于后一辈的少年，发生了一种学问上的同情心，才有安徽公学的产生。

1926 年 12 月，陶行知、姚文采拟定《本校生长程序》，筹划了南京安徽公学的发展之路。陶行知还定“实”字为校训，勉励师生做到“德性宜笃实，知识宜富实，身体宜健实”，“实至名归，实事求是”。

1929 年 9 月，南京安徽公学更名为私立南京安徽中学，陶行知辞去校长职务，姚文采继任校长。1937 年 8 月，南京安徽中学迁到屯溪，设

立徽州分校，简称“皖中”。

姚文采是校长，他还担任黄山建设委员会副主任(主任是许世英)职务，主持山上事务。皖中的工作主要由总务主任程翔云负责。程翔云后来任屯溪中学总务主任，是我的老同事、老朋友。因为程翔云的关系，我结识了姚文采的女儿姚秀玲，从她那里，我了解到一些她父亲的故事。

1939年冬，日寇直犯宁国，屯溪吃紧。姚文采临危不乱，多方筹备粮食、海盐、日用品，还向军方借了200支步枪，准备带领师生转移到石门大山，一边打游击，一边办战地中学。皖南事变前，革命的火种遍布城乡，皖中青年爱国爱家，积极抗日，有的参军，有的参加战地服务团，还有不少青年加入了中国共产党。

1945年8月抗战胜利后，姚文采回到南京，恢复南京安徽中学，皖中改名为“行知中学”，由程翔云、郑郁予等人继续办下去。郑郁予是徽州的老教育，20世纪80年代我曾拜访过他，他当时住在祁门，身体很好。

我在屯溪中学教了将近30年的书，“生活即教育”，生活留下了许多不可磨灭的“印痕”，我把所接触到的人和事写成短文，像《胡术五苦注〈九章〉》《方荣邦仁爱慈祥》《罗会煌解题有道》《陈光升猜题有方》《张平波传知传神》《戴心白细析精讲》等文章，陆续发表在《黄山教育》上。我还与友人合作，写了一系列纪念文章，如《纪念廉洁奉公的老总程翔云先生》《纪念爱国爱生的皖中校长姚文采先生》《纪念我国最早的图书馆专家洪范五先生》《风雨同舟56年——纪念黄澍老师》《无声之爱胜有声——纪念周行老师》等。

而今，屯溪一中早已搬出了邵家祠堂，祝愿她在新的天地里，创造新的辉煌。

（来源：《黄山晨刊》2016年2月26日、3月4日）

徽州师范学校

徽州师范学校 / 文图

第一次大革命失败后，政潮迭起，战乱频仍，民生维艰。学校亦动荡不定，撤并频繁。

一

1917年，屯溪高枧创办新安公立甲等商业学校，1931年该校成为省立二中的“二部”。1932年，二中二部更名为省立第八中等职业学校，次年迁至歙县府城察院（今徽园址）前的房屋。这里原是省立三中的校舍，三中已于1928年并入休宁的省立二师，并校后更名为省立二中。1934年8月，省立八职改建为省立徽州师范学校，校址不变。

在此期间，由于陶行知、洪范五、胡晋接、方新等徽籍教育界知名人士的倡导，设在休宁隆阜的省立第四女子师范于1922年创办。陶行知热心关注徽州女子教育，推荐留学日本的程宗泗（字仲沂）为校长，首创徽州女子中等教育。又在江浙一带选聘女教师如著名作家陈学昭等来校任教。1923年，陶行知将一块长城砖转赠四女师，作为建筑校舍之“点缀”，以示“教育是共和国的保障”之意。原二师的江植棠等亦转该校执教。1923年至1924年，四女师根据陶行知的教育思想，创办了几期平民学校，受教育群众2500多人，影响遍及徽州。1927年程宗泗离职，由张秉仁、许

徽州师范学校

萬世師表
愛滿天下

惇士继任校长，江植棠为教务主任。四女师以“爱、敬、勤、洁”为校训，高中师范科实行学分制，课程有必修与选修两类。必修课三学年共20多门，选修课分理化、史地与音体美三类。由于生源不足，且中途辍学者众，遂于1934年改办为四女中。四女师一共仅毕业42名学生，大都为徽州最早的女教师，也有奔赴延安投身革命的。1934年毕业的吴树琴，后来与陶行知结为夫妇，长期并肩战斗。省立徽州师范成立后，四女师的领导和教师江植棠、许惇士、查景韩等亦转入徽师任教。

二

1934年8月，省立徽州师范学校创立，首任校长是先后在新安中学堂、紫阳师范学堂、省立二师、省立四女师任过职的婺源江湾人江植棠，原二师教务主任方新仍任徽师教务主任。从创办到1949年4月皖南全境解放的15年间，徽师虽属徽州唯一的一所中等师范，但基础薄弱，生源不足，校址四迁，极不安定。

1938年因躲避日机轰炸，江植棠校长率师生将学校迁往歙南雄村，校本部设于桃花坝上的崇功报德祠，在“余庆堂”“孝思堂”设置教室上课。厅、祠的楼上为学生宿舍。不久江植棠离职，唐子宗、汪忠天继任校长。1942年6月因遇特大洪水，校舍被淹，课桌凳及教学设备损失惨重，学校被迫再迁歙北江村，利用江村已停办的一所民族中学的校舍和设备办学，其时校长为查景韩。虽然办学条件差，师生生活艰苦，但教学秩序井然，晚自修学生在汽油灯下看书学习，学校纪律严明。江村村民尊师重教，支持办学，如腾出公屋、租借私房以作校舍，帮助学校整修房屋，搬运财产，无偿提供山地、粮地供学校开辟操场等。因为江村当时是血吸虫病严重流行区，且饮用水和烧柴都十分困难，1946年春，学校不得已又迁往歙西潭渡，在黄氏宗祠办学，东边的男祠为教学场所，西边的女祠为学生宿舍，原唐式遵部的司令部为学校办公场所，练兵场正好配做操场用。西迁潭渡时，学校更名为省立歙县师范学校，与设在县城的歙县女师并立，校长为黟县人胡逢荣。1948 年与女师合并，迁入女师校址县城孔庙，合并后的歙县师范由周易任校长，原女师教导主任程应鸣留任。

省立徽师办学 15 年，是国民党统治由崩溃到覆灭的时期，战争连年不断，社会动荡不安，办学条件极其恶劣。四次迁校，各处校舍皆祠庙民居，甚至利用珠兰花舍。教学设备本来就很简陋，加上躲避日机轰炸和遭受水灾的损失，迁徙中又被盗窃和侵吞等，到徽州解放时仅有图书 3000 余册，仪器破损，不堪使用。但是，一批长期从事师范教育的教师矢志不移，历尽艰辛，努力支撑着学校的教育教学秩序，并以自身的学识和品格为人师、作示范，给学生以深刻的影响。如江植棠煞费苦心、周详擘画，开办并掌校于前；卸职改任教师后教学极其负责，讲课深入浅出，善于激发学生的学习热情和求知欲望，深受学生爱戴。查景韩爱护学生，重教轻罚。他教学认真，讲解生动，尤重基础知识。他在 1943 年徽师校长任内，倡办我省第一个兼收女生的体育师资班。1946 年春，徽州召开抗战胜利后首届中学生运动会，时值物价飞涨，学校无力支付参加运动会的费用，查景韩腾出屯溪家中的住房，又借用邻居房舍，解决师生住宿问题，使徽师学生能够参加运动会，并取得优秀成绩。原省立二师名师方新、汪蔚林、鲍幼文、胡在渭，还有武昌师大博物、地理两科毕业的程振钟等，均是徽师各科教学骨干，他们学识渊博，持躬谨严，思想进步，作风正直，在他们的影响下，不少青年学生识破了国民党政府反动派的反共宣传，走上了革命道路。国画大师刘海粟 1938 年曾来徽师参观演讲，并指导学生写生作画。抗战初期，徽师学生组织戏剧团，曾在雄村、屯溪、歙城等地演出《烟苇港》《菱姑》等大型剧目，宣传抗日救亡，并将售票所得，慰劳抗日战士。1939 年，中共歙县县委成立后，曾在徽师发展党组织。皖南事变发生后，徽师学生冒着生命危险，掩护事变中被搜捕的共产党员郑惠珍，帮助她脱离险境。

三

省立徽师的主体学制是普通师范3年制高师（即中师）和普通师范4年制简易师范，此外，还有普通师范1年制简师（即中速师），1943年还办过一期3年制体育师范。15年间，徽师学生主要来自原徽州府所属的六县（歙县、婺源、绩溪、休宁、祁门、黟县）。1937年抗日战争爆发，流亡学生增多，区外、省外学生陡然增加。下表为1937—1947年学生籍贯统计：

婺源	绩溪	歙县	休宁	祁门	黟县	太平	宁国	旌德	省内外地	外省	不详
36	103	255	94	29	16	7	17	22	61	48	18

办学规模和学生人数，1937—1948年间，最多时10个班，最少时6个班。学生人数最多时435人，最少时160人，班级人数常不足额且流生不少。省立徽师1937年首届高师学生毕业，1937—1948年间，共毕业高师431人，高简师64人，简师294人，体师132人，共计毕业生921人，年平均毕业77人。

在社会动乱、物价飞涨、民不聊生的战争年代，省立徽师凭着对师范教育的赤子之情，为徽属各县及外区、外省培养了不少人才，为徽州基础教育在日后的发展奠定了一定的基础。

（来源：《与世纪同行——徽师百年史略》2005年10月）

行知亭

黄山风景区党工委宣传部

行知亭位于黄山风景区西海至光明顶途中，在飞来石下，由徽州古建公司设计，建于1985年4月，投资1.5万元。

行知亭为条石结构，亭高约3米，占地面积约9平方米。亭柱有联："千教万教教人求真，千学万学学做真人。"①亭旁石碑正面镌刻格言："行动是老子，知识是儿子，创造是孙子。"②石碑背面略述陶行知生平事迹。

游人在亭中小憩，近可观密林云雾缭绕，远可望山峦绵延不绝；既能欣赏到飞来石的雄奇气魄，又能俯瞰西海大峡谷的无限风光。黄山美景令人心旷神怡，而陶行知的名言警句，更让人在欣赏美景之余，得到心灵上的熏陶。

① 这是1946年12月郭沫若为南京晓庄师范校园内陶行知墓前坊柱所书写的陶行知遗教。

② 这是陶行知写的《三代》诗，作于1931年秋，刊于1932年6月21日《申报·自由谈》。

汪迎丰 / 摄

陶行知

徽｜州｜故｜事

陶行知徽州轶事

王门立雪

陶行知从小爱读书，他 6 岁进私塾，学习认真，过目不忘。8 岁就读于休宁县万安吴尔宽经馆，11 岁返回歙县，在程朗斋秀才处学四书，后到贡生王藻处求教。

王藻是歙县南乡渔岸人，长期在小南海航埠头曹家坐馆，曹家先后有堂兄弟 13 人在他手里破蒙。王藻见到陶行知甚是喜爱，留他在曹家伴读，不收束脩。航埠头离黄潭源陶家有 15 里路程，每隔两三天，陶行知就会从黄潭源出发，经山坑、洪坑、王大桥来到曹家，向王老先生问业。有时到曹家，正值王老先生在教课，他就站在大厅外的门亭里等候，不肯冒失进去打扰。如遇下雪，他也和往常一样，站在门亭里复习旧课，等候王老先生歇息下来才进去。有知其事的人说，这个小后生竟有古人“程门立雪”之风，人多以为是。

一丝不苟

陶行知 15 岁入读歙县耶稣教内地会所办的崇一学堂，学习英文及各门学科，读书勤奋，成绩优异。他常听人说：“熟读唐诗三百首，不会作诗也会吟。”因此他对吟诵唐诗颇为向往，挤出时间向国文老师程修兹请教。若遇程老师有事，陶行知就先到邻家坐坐，或抄写唐诗，或复习旧课，有时还教邻家小孩《华英初阶》。

陶行知抄写唐诗的原书是向同学汪采白的父亲汪福熙借来的，他生怕有所污损，爱护备至。陶行知把店家用过的老式账簿拆开，翻折过来，装订成本子，用来抄写。陶行知抄写唐诗时，非常仔细，不但小字不遗漏，就连书中刻工姓名以及“郡城文林堂书坊藏版”等字样也都抄下来。有人因此说他是个迂夫子，做事太一板一眼了。其实他们不知道陶行知是要把这个抄本当作副本来做的，这正是他“一丝不苟”的表现。后来，上海报馆编辑也说，陶先生的手稿，如同清样，易排版，易校对。陶行知一丝不苟的学风，值得大家学习。

下观而化

徽州府城东门外，上问政山的路口，有一座城隍庙（现已拆掉），庙里有座戏台，台正中挂着一块横匾，写着“下观而化”四个大字。有一次，陶行知和几个同学去游玩，有人问什么是下观而化。陶行知说，台上演着劝善去恶的戏文，目的是使台下看戏的人受到感化，存心做好人，这就叫“下观而化”。但是如今官绅地痞，鱼肉人民，弄得民不聊生，这块匾额不过是冠冕堂皇，欺骗人民、束缚人心罢了！

有一天，陶先生和几个同学到郑村糟坊去取旧账簿。正巧郑村村口搭台演戏，祠堂门口挂灯结彩，灯上贴着“五谷丰登”四个大金字。有人问陶行知：“台上为什么不挂‘下观而化’四个字？”陶行知说：“明明有‘下观而化’四个字显现着，怎么看不见呢？”那人仔细观望，实在没有啊！陶行知笑着领大家到戏台下绕了几个圈，只见台下摆着十几张方桌，每张方桌围着十多个人，有坐的，有站的，大多是农村人模样。每张桌上摆着一个方铜盒，大家纷纷拿钱下注，原来这里是赌场。这些农人不看台上演戏，专在台下赌钱。陶行知说："你们看清了吧，今年是丰收年，搭台演戏还愿，庆祝五谷丰登。农民们勉强交了地主的田租，缴了官家的钱粮，剩下一点点血汗钱，就被'吸血鬼'勾来赌博，把钱输掉！"那人又问："官府为什么不来捉赌呢？"陶行知说："我家黄潭源离郑村不过三五里路，郑村的情况我清楚。郑村有个豪绅，名叫郑景贤，他会唱京戏，每次上台客串哄诱各村农民赶来看戏，又趁机公开聚赌，坐收渔利，弄得农民把一年的血汗钱花在赌博上，这就是真正的'下观而化'啊！"

白　读

陶先生在离开崇一学堂之前，邀友人同到西溪汪采白家，把借来的唐诗原书还给汪福熙。汪福熙蓄着三绺黑胡子，外貌严而有威，实则和蔼近人，说话颇饶风趣。他对陶行知说："你读了不少唐诗，俗话说得好，'不会作诗也会吟'，那你很快就要成为一个小诗人了。你最推重的是哪些诗人呢？"陶行知迟疑了一下，也用风趣的话回答道："我说是'白读'（歙县土音，普通话'白杜'）。"汪福熙奇怪地问道："你读了不少唐诗，怎么到头来还说是白读？"陶行知笑眯眯地说："我说的正是'白、杜'啊！"汪福熙说："哎哟！你真是在打哑谜，你原来指的是白乐天跟杜子美啊！你对他们两人的诗有什么看法？"陶行知说："两人的诗风格虽不同，但多感时之作，反映了人民的呼声。'白'诗通俗，'杜'诗沉郁。"汪福熙听后连连说道："后生可畏啊！"

陶行知一生写了900多首诗歌，他的作品语言通俗，感时忧国，反映民生疾苦，如白诗般明白晓畅，如杜诗般深沉有力。人们评价说，陶行知的诗是为民族解放与自由而斗争的宣言书，是救国救民的有力武器。

借题发挥

陶行知在离开家乡之前，邀友人同去向程实夫先生辞行。他们走到县城东门外罗家巷口，正值风雨交加，对面山坡竹林被风刮得东摇西摆，竹林里一幢孤零零的老屋好像就要被风吹倒了。陶先生对着这幢老屋高吟道：“安得广厦千万间，大庇天下寒士俱欢颜，风雨不动安如山！”友人那时听他半吟半唱，不知其所取义，后来读到张元济编的国文课中杜甫《茅屋为秋风所破歌》一诗，才理解原来当年陶先生是因感时而借题发挥啊！

陶行知与程修兹的师生情

张卫民

徽州人杰地灵，人才辈出，伟大的人民教育家陶行知就诞生在徽州歙县黄潭源村。陶行知老师程修兹，徽州绩溪北村人，1869 年出生，清光绪丁亥年（1887）考中秀才，乡试未中举。1898 年，程修兹在歙县英籍传教士唐进贤办的教会学校中西蒙学堂（*后更名为崇一学堂*）教授国文。1906 年陶行知到崇一学堂读书，他刻苦学习，课后经常到程修兹家里去请教，两人因此建立起真挚而深厚的感情。

崇一学堂培养了陶行知、洪范五、朱家治、姚文采、汪嵩祝、汪采白等一批优秀学生，由此可见唐进贤、程修兹等人的学问素养。1921 年，天津南开大学校长张伯苓请陶行知介绍一位国文老师，陶行知当即推荐程修兹前去任教。1925 年，程修兹辞去南开大学教职回到徽州，居隆阜珠里村，在二师、女师等学校教授国文，1945 年离开讲台，1952 年去世。国民党第十战区司令长官兼安徽省政府主席李品仙曾手书“棫朴雅化”赠程修兹，表彰其教书育人之功。程修兹与胡适、胡晋接等人交厚，教书之余，喜好书画、收藏和写作，有《学圃笔谈录》《春不老斋诗稿》《北村程氏宗谱》《殷龟文考》等行世。

程修兹的大儿子程万孚与江彤侯的次女江萱谈恋爱，程修兹为程万孚婚姻大事到上海，返回徽州时写家信谈到陶行知，可见陶行知与程修兹家人是相识的，也足以证明陶行知与程修兹师生间的亲密关系。

我到上海已经十天了，溦事总算定了，彼拟到安庆一行，我准十四日坐特快车往杭，十五日是没有船开的，在西湖里看看月亮，也很有意思。知行的地址真秘密，昨夜知行在十时许来远东看我，到十二时才去，约定今天下午陪我玩玩、谈谈，他四时后即邀我同万孚、萱去看了电影，又请我三人吃晚饭于福禄寿饭店，桃红、小桃已在饭店候我们了。他说明早还要送我上火车，我请他不要送，因他的时间很珍贵，今天昨晚已耗去五六小时，在他已算大牺牲了。知行天性如此敦厚，比之一班已有天渊之别……九月十三日父字。

溦，是程万孚小名。溦事，指程万孚与江萱两人订婚事。远东，是程修兹在沪下榻旅馆地址。桃红即陶行知长子陶宏，小桃是陶行知次子陶晓光。知行，就是陶行知。陶行知，原名文濬，1912 年，他信仰知行合一道理，取名“知行”，1927 年他提出“行是知之始，知是行之成”理论，1934 年正式更名为“行知”。程万孚曾在上海胡适家帮助胡适誊写文章，经胡适推荐到江彤侯家当家庭教师。程万孚与江萱订婚后，1931 年赴法国留学，1933 年回国与江萱结婚。“知行的地址真秘密”，容易联想到 1930 年 4 月晓庄学校被封，陶行知遭到通缉逃到上海租界避难的事。然后，从信中内容可以感受到陶行知“时间很珍贵”，却看不出行动上有什么不自由的地方。“十五日是没有船开的，在西湖里看看月亮，也很有意思”，从这个意境又可联想到农历十五月亮圆，1929 年 9 月 13 日，是农历八月十一，临近中秋。程修兹在上海与陶行知见面的时间应该发生在 1929 年。

陶行知全身心地推行乡村教育，1927 年创办晓庄师范，1928 年湘湖师范诞生，1929 年新安学校诞生……他的家庭却发生了不幸。胞妹文渼因劳累过度，积劳成疾，1929 年 6 月 6 日在医院病逝，陶行知痛惜万分：“我之所以能够专心为社会做事，全靠她治家得宜，免除我后顾之忧。”贤惠孝顺的爱妻汪纯宜，身体柔弱，因文渼病故，她受惊担忧过度，得了难治之症。但是，陶行知没有向困难低头，他信念执着，想着一切办法继续他的乡村教育。

1930年4月5日，晓庄师生举行游行示威，声援下关和记工厂工人的罢工斗争，国民党政府下令晓庄学校立即停办，以待整理，晓庄师生不屈不挠，散发《护校宣言》，派出代表到教育部请愿。4月12日，蒋介石下密令通缉陶行知，“为晓庄师范学校校长陶知行勾结叛逆，阴谋不轨，查有密布党羽、冀图暴动情事，仰京内外各军警、各机关，一律严缉，务获究办”。南京警备司令部发出布告，勒令晓庄学校解散，并查拿首要人员，逮捕了几十名晓庄师生。所幸陶行知事前得到了消息。他从容不迫，沉着应对，乘坐11日晚11:30的快车到上海。他与家人、师生告别时说：“你们留在这儿，得当心呀！”“他们已经下决心来干我们了，我建议你们下乡”，“必要时，你们得向上海跑，不要硬拼！”

在上海，陶行知收到淮安新安学校同事寄来的信，4月30日，陶行知化名“何日平”复信：

> 接到你们四月二十四日所写的信，知道你们用两件大衣跑了三十里路，当不得两元钱，又饿着肚子跑回学校。这件事是你们在长江北岸为乡村教育史写成悲壮的一页，亦即光荣的一页。我们是何等的安慰而又是何等的敬佩你们啊！在前一个礼拜，我们接到文采先生转来的信，即汇了三十元经费给你们。可惜竹因不慎，给扒手拿去了。想念着你们的困难，急得了不得，立刻又凑了一笔款寄去，谅现在已经收到了吧？请你们放心，你们要我们做的事，我们是已经做了。我们是决不会忘记你们的。捧着一颗心来，不带半根草去。你们抱着这种

精神去教导小朋友，总是不会错的。

文采即姚文采，安徽歙县人，时任南京安徽公学校长，淮安新安学校董事。竹因即方与严，安徽歙县人，时任南京晓庄师范校务主任，晓庄师范上海秘密联络点负责人。还有什么语言比读信件原文更能体会到陶行知的淡定从容？他不仅坚信教育是国家万年根本大计，而且他能够把环境的阻力化为助力。“捧着一颗心来，不带半根草去”，这就是他的人格精神。难怪程修兹会感慨：“知行天性如此敦厚，比之一班已有天渊之别。”

南京警备司令部的布告上，有晓庄师范学校“勾引反动军阀”一说。我想起了蒋介石结拜兄弟冯玉祥将军支持陶行知办教育的事。1928 年 9 月，蒋介石带着夫人到冯玉祥家，约他出去野餐，冯玉祥就建议蒋介石到晓庄师范去，并把陶行知介绍给蒋介石。1929 年，冯玉祥反蒋被南京政府通缉。在蒋介石眼里，陶行知不是异己分子也早已是防范的对象了。

陶行知逃到上海后，活动越来越受到限制，随时有被捕的危险，1930 年10月被迫出逃日本。1931年春，他秘密潜回国内，九一八事变后公开活动。1932 年 2 月 22 日，南京国民政府才宣布取消对陶行知的通缉令。

读程修兹家信，了解其中历史背景，更加感受到陶行知的伟大。他为了理想，为了事业，经得起折磨、打击，不卑不亢，毫不灰心。他爱国爱民，尊师重教，为人师表。他善于斗争，讲究策略方法，负重前行。

陶行知与屯溪阳湖余家庄起义

江红波 吴 帆

辛亥革命风起云涌，武昌起义激发热情，各地革命党纷纷发动新军和会党响应，徽州休宁县屯溪镇阳湖（现为黄山市屯溪区阳湖镇）余家庄起义就发生在这一时期，在徽人的记载里，陶行知曾参与余家庄起义。

1911年，受孙中山先生革命思想影响，在南京金陵大学读书的陶行知怀着一腔热血回乡，期望施展才华。后来，在哥伦比亚大学读书时，陶行知在给院长罗素的一封亲笔英文信中写道："（入金陵大学）三年后，第一次革命爆发，余返徽州，任徽州议会干事甫及半载，回南京复学。"

辛亥革命波及徽州约在1911年11月中下旬，据民国《歙县志》记载：

> 是年八月十九日（1911年10月10日）革命军首义武昌，传檄各省。九月十八日（11月8日），安徽宣布独立，皖人之在上海者，推孙毓筠为安徽都督。时黎宗岳据大通，吴振黄据芜湖，各称军政分府……十月，徽人开六县会议，知府许月涵、知县宋灿皆弃官去。九江马毓宝已遣洪涛略地至徽州，而宗岳亦遣徐荣桂、胡孝龄先后率兵至。

新旧鼎革、社会动荡，徽州各地民众纷纷组织自卫组织，以维护当地稳定，休宁县屯溪镇阳湖余家庄庄主余德民组建的民团就是其中之一。余德民是茶商，余宅为徽州清代古建院落，两进，共四五百平方米，可容数

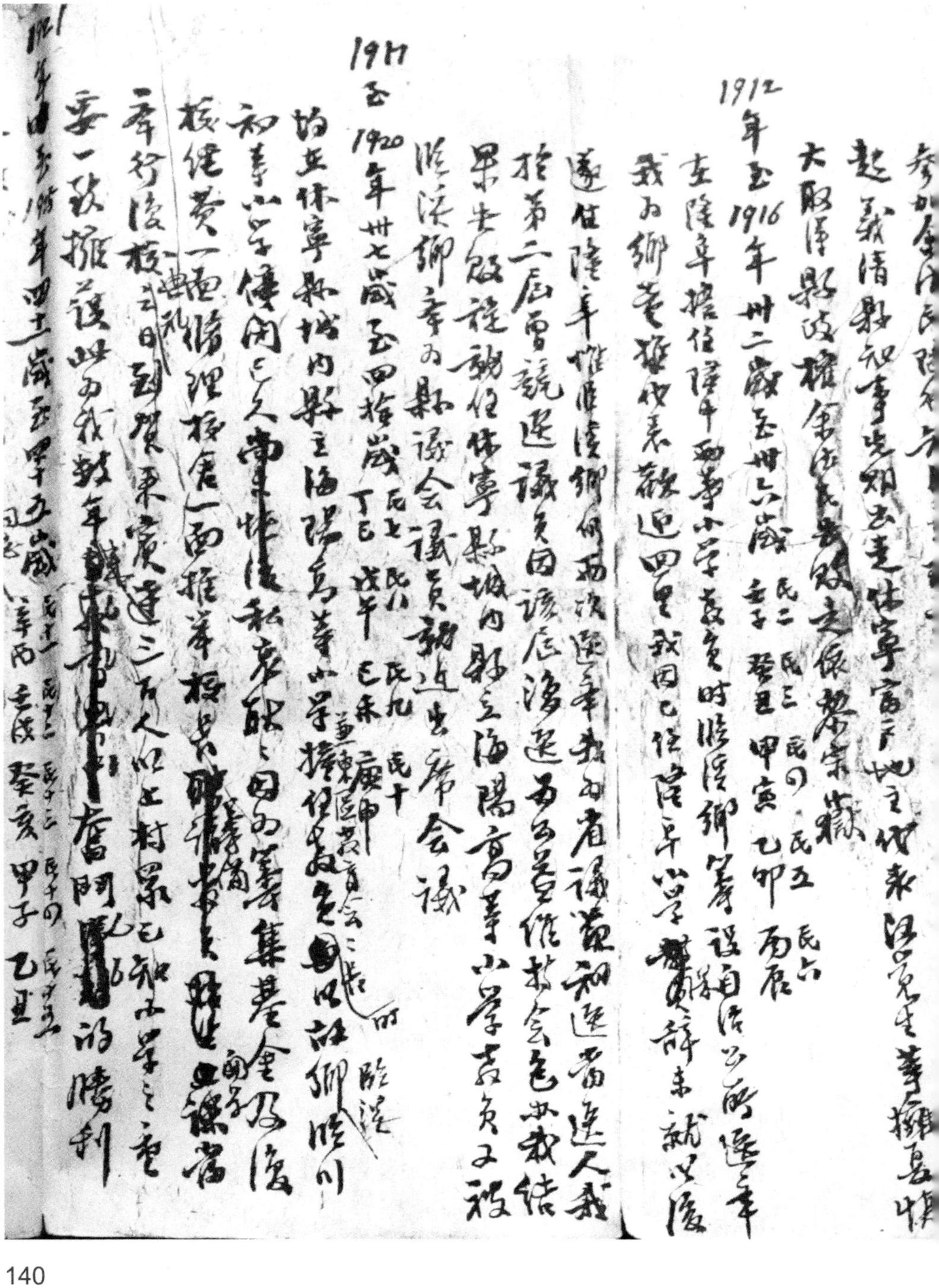

参加全体民[illegible]
起义清县知事出知去走休宁富户地主代表汪[illegible]先生等拥[illegible]县长
大取得县政权[illegible]黎宗岳
1912年至1916年卅二岁至卅六岁 民二 壬子 民三 癸丑 民四 甲寅 民五 乙卯 民六 丙辰
在隆阜担任隆阜两等小学教员时隆阜乡筹设自治公所选之本
我为乡董[illegible]迎四里我因已任隆阜小学教员辞未就以后
选任隆阜[illegible]乡[illegible]选本[illegible]我为省议员初选当选人我
于第二届众议院选议员因该届复选[illegible]我结
果失败往就休宁县城内县立海阳高等小学教员之职
隆阜乡本为县议会议员就近出席会议
1917至1920年卅七岁至四十岁 民七 丁巳 民八 戊午 民九 己未 民十 庚申
始在休宁县城内县立海阳高等小学担任教员 县教育会会长 同时在临川乡
初等小学[illegible]私塾[illegible]因而筹集基金及后
校经费一面办理校务一面推举校[illegible]
本行[illegible]三万人以上村众[illegible]
要一致拥护[illegible]的胜利
1921年由四十一岁至四十五岁 民十一 辛酉 民十二 壬戌 民十三 癸亥 民十四 甲子 民十五 乙丑

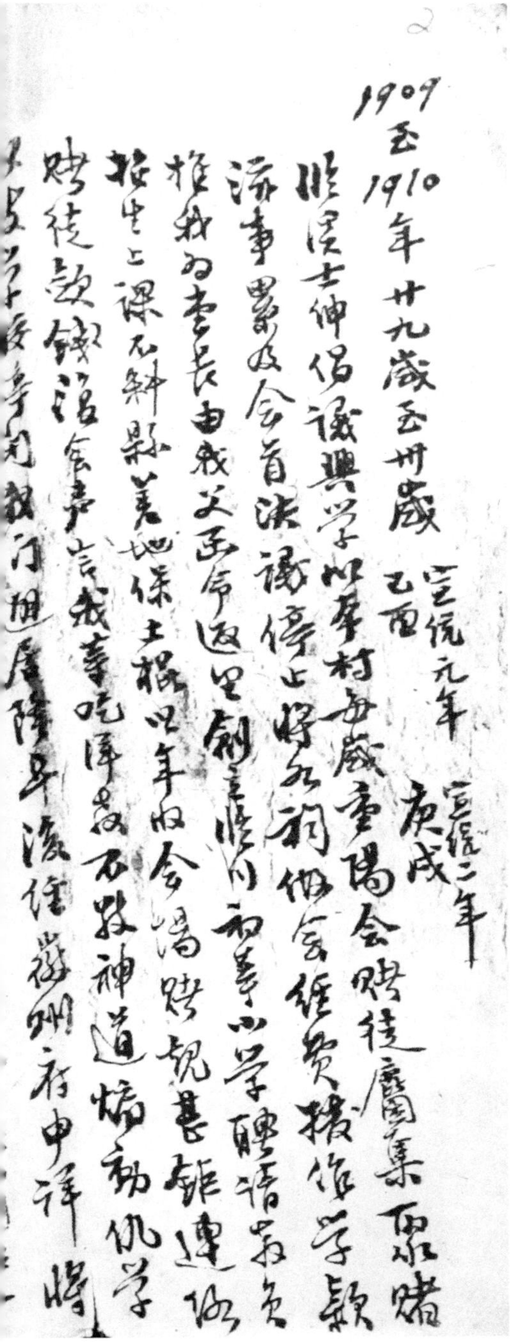
1909至1910年 廿九岁至卅岁

宣统元年 己酉

宣统二年 庚戌

百人。余德民组织群众二三百人，在院内操练演习。所用兵器大多为长矛、大刀，也有少数枪支。此时徽州的行政权力转移到了徽州议会，陶行知时任州议会干事（编者注：干事指负责某项具体事务的人，如联络干事）。

程管侯在其《自传》中说：“1911年卅一岁，宣统三年辛亥、民国元年，参加余德民、陶行知、汪章瑞、程则裴等在屯溪阳湖余家庄起义，清县知事先期出走，休宁富户地主代表汪觉生等拥夏慎大取得县政权，余德民失败，走依黎宗岳。”

程管侯（1881—1958年），名家炜，别署纯侬，休宁县临溪人。他是清末休宁教育界知名人士，精国文，喜书画，尤擅画梅。据其子程道宣回忆，陶行知、姚文采与程管侯有往来。

左图为程管侯《自传》，作于1954年，共5页3600多字，此为第2页。（程道宣提供）

程管侯《自传》中的余家庄起义，在余德民之子余芳提供的书面证明材料中，被表述为华山起义。据余芳记述：

> 余德民，生于1888年2月16日，为1905年乡试秀才（编者按：此处有误，1905年没有乡试，且乡试为举人），因见清政府丧权辱国、政治腐败，曾在现屯溪华山岭一带策划过一次华山起义。参加起义的有平民教育家陶知行（后改陶行知）先生，有休宁县万安镇金慰农先生，有休宁蓝渡的余家榴先生、休宁县上溪口一带人士黄亚岗先生，当时曾在华山岭、屯溪老大桥、河滩一带与清军打了一仗，黄亚岗先生战死沙滩。

余芳的记述与程管侯《自传》中说的，有众多不一致的地方，相比较而言，当事人程管侯的回忆更加可靠一些。但更多的细节还有待专家进一步考证，或等待新史料的出现。

1916年2月，陶行知在给罗素的信中写道："余今生之唯一目的在于经由教育而非经由军事革命创造一民主国家。鉴于我中华民国突然诞生所带来之种种严重缺陷，余乃深信，如无真正之公众教育，真正之民国即不能存在。"1930年夏，陶行知在上海召集晓庄师生座谈，认为晓庄学校是"用教育的形式反封建、反帝国主义"，并指出"我们是实际的革命者"。在陶行知看来，军事革命可以创造一个民主国家，但是只有通过真正的公众教育，才能结束封建统治和帝国主义压迫，建立起独立的民主共和国。那么，什么是真正的公众教育呢？陶行知以其一生的实践，回答了这个问题。

1914年，陶行知与周诒春同行

李 军

1914年8月15日，上海招商局码头，100余名中国留学生登上“中国号”邮轮远赴美国留学。这批留学生由清华学校校长周诒春亲自带队护送，他的夫人胡怡爱此番随行，负责照顾其中的10名专科女生。

周诒春1912年4月担任清华学堂教务长，10月清华学堂更名为清华学校，周诒春任副校长。1913年8月，周诒春首次护送清华庚子赔款留学生赴美，其间校长唐国安病逝，周诒春接任校长。1914年8月周诒春护送的这批留学生里，就有时年23岁的陶行知。

陶行知母亲曹翠仂是休宁万安人，父亲陶长生在万安曾经营过酱园，管理过田赋契约。陶行知8岁至11岁一直在万安街吴尔宽经馆读书。1908年春，陶行知由万安乘船赴杭州求学。1909年陶行知考入南京汇文书院，1910年南京汇文书院与宏育书院合并，成立南京金陵大学，陶行知入金陵大学文科继续就读。1914年6月，陶行知以文科总分第一名的成绩毕业，在金陵大学校长包文的鼓励和资助下，以自费生身份进入留美学生行列。而年轻的周诒春校长也是休宁人，他来自蓝田迪岭，周诒春夫人胡怡爱也是休宁人，她的老家在齐云山镇龙源村。

从1914年7月初开始，这100余名留美学生便集中在上海四川路青年会，参加为期1个月的赴美预备培训。周诒春细致地教导学生们西餐如何坐席、如何用餐，如何与人对谈等日常礼仪，甚至包括刀叉使用这些细节。他还详细介绍了美国的风土人情。他不仅讲给学生们听，还手把手做给学生们看。“学生们在青年会住了 1 个月，周校长差不多上了 1 个月的‘吃饭课’。”这些实用性很强的培训课程，对赴美留学生大有裨益。

船行途中，周诒春修订了《清华同学会章程》，并在章程中将同学会名称正式确定为“清华学校留美同学会”。周诒春还逐一与学生交谈。得知陶行知为老乡后，周诒春鼓励陶行知攻读教育学，早日回国，为祖国教育事业作出贡献。陈鹤琴是一名公费留学生，在与周校长深谈后，他改变了学医的打算，转而学习教育学。后来，陈鹤琴先入约翰斯·霍普金斯大学就读，再赴哥伦比亚大学攻读教育学、心理学，与陶行知成为挚友。陈鹤琴 1919 年 8 月归国后，和陶行知共同倡导学生自治。陈鹤琴还发起成立幼稚教育研究会、生活教育社，提出了“活教育”理论，开展幼儿教育研究与实践，编写了大量幼儿教育专著，成为中国现代幼儿教育的奠基人。

船出吴淞口，陶行知心潮澎湃，写下生平第一首诗《海风歌》（诗稿已佚）。8 月 16 日、8 月 31 日和 9 月 6 日，陶行知共作家书三封，表达了他对家人的惦挂之心、对祖国的思念之情。

有一天，陶行知为了探究蒸汽轮船工作的原理，独自下到船底火舱，看见“几个赤膊的活人像天津鸭子一样在那儿烤着，烤出一身的黑油！身上、脸上、手上黑得如同他们所烧的煤炭一般！”多年后，他回忆说：“这是我与火夫们第一次见面所得的印象，简直像硝镪水刻到我的心窝里。我明白了：乘长风破万里浪，代价是火夫们的泪与血……便知道我们吃的、穿的、住的，没有一样不渗透了工人们的血泪！一粥、一面、一衣、一灯，当思来处不易。”

9 月 7 日，“中国号”邮轮在途经日本长崎、神户、横滨，美国夏威夷檀香山后，终于安抵美国旧金山。全体留学生抵达旧金山后，受到国民政府驻旧金山领事、华侨代表和青年会中西干事等各方人士的热烈欢迎。欢迎宴会后，大家还同赴斯坦福大学参观学习。次日，陶行知便乘火车前往芝加哥伊利诺伊大学攻读市政，1915 年秋转至纽约哥伦比亚大学攻读教育学，直至 1917 年 8 月归国。而周诒春校长则在完成此次护送任务后返回祖国，1917 年 8 月他再次带队护送学生赴美留学，1918 年 1 月辞职离开清华学校。

周诒春、陶行知二人的人生在 1914 年发生过短暂交集后，旋即分开，但这次旅程的影响却一直在延续。可以说，陶行知和陈鹤琴选择学习教育学并终生致力于教育事业，缘起于 1914 年与周诒春从上海至旧金山的这段旅程。

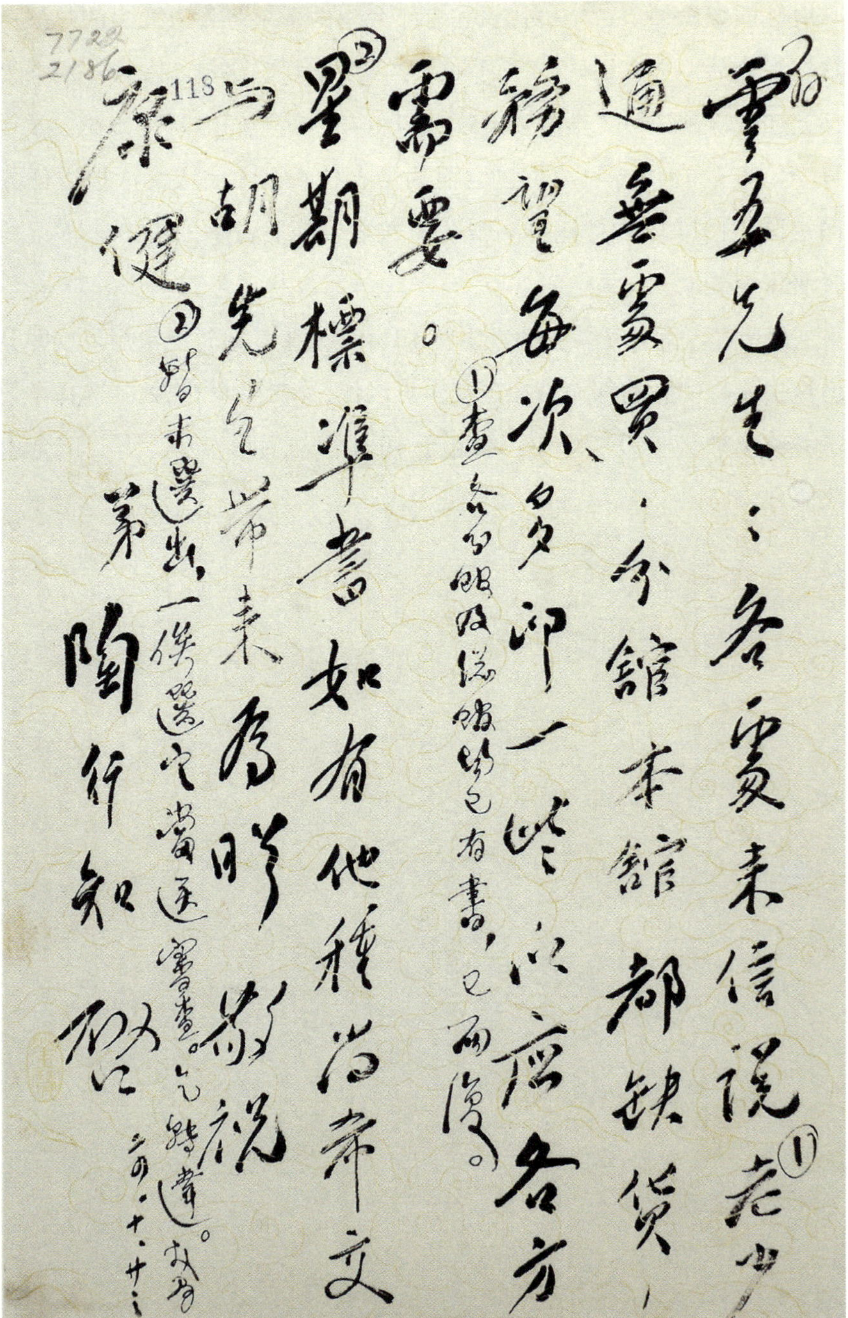

雲五先生：各處來信說⑴老少通無處買，分館本館都缺貨，務望每次多印一些，以應各方需要。⑵星期標準書如有他種當齊交與胡先生帶來為盼。敬祝
康健
弟 陶行知 啟

⑴查各分館收條[illegible]已有書，已函復。
⑵暫未選出，一俟選定當送審查。已轉告。[illegible]
[illegible]

陶行知致王云五的信

陶行知与三位“最伟大的女性”

汪智明

陶行知一生的教育事业，离不开与他共同奋斗并作出巨大牺牲的亲人。1933年11月26日晚，陶母因脑出血在上海国立医学院去世。在陶母入殓的时候，陶行知痛苦心碎道：“母亲、文渼妹、纯宜妻，你们实在是三位最伟大的女性，实在是被我拖垮累垮的啊！”

陶行知的母亲曹翠仂，休宁万安人，籍贯绩溪县，生于同治六年九月十一日（1867年10月8日），她朴实忠厚、勤俭持家、性格爽朗，除种田务农外，还替人缝补浆洗以补贴家用。

陶行知在1927年1月20日写给母亲的信中说：

> 儿从母亲寿辰立志，决定要在这一年当中，于中国教育上做一件不可磨灭的事业，为吾母庆祝，并慰父亲在天之灵……儿现在全副的心力都用在乡村教育上，要叫祖宗及母亲传给儿的精神，都在这件事上放出伟大的光来。儿自立此志以后，一年之中，务求不虚度一日；一日之中，务求不虚度一时；要叫这一年的生活，完全献给国家，作为我父母送给国家的寿面，使国家与我父母都是一样的长生不老。

陶母是陶行知毕生事业的坚强保证与后盾。陶行知有文赞之：

吾母治家，最为勤俭，连剃头都是她一人包办。这把剃头刀现在是成了我们最可纪念的传家宝了。她剃过父亲的头，剃过我的头，剃过桃红、小桃、三桃、蜜桃的胎头。（注：桃红是陶宏，小桃是陶晓光，三桃是陶刚，蜜桃是陶城）

陶母57岁时参加了陶行知在家中办的“笑山平民读书处”，由孙子陶晓光当她的小先生，学了16天，即能读懂陶行知写给她的信。陶母去世后，陶行知写了《追悼慈母歌》《吾母所遗剃刀》和《慈母读书图》组诗以志怀念。

慈母读书图

（一）吾母五十七，发奋读书籍。十年到于今，工学无虚日。
（二）小桃方六岁，略识的和之。不曾进师范，已会为人师。
（三）祖母做学生，孙儿做先生。天翻地覆了，不复辨师生。
（四）三桃凑热闹，两眼呆望着。望得很高兴，祖孙竟同学。
（五）上课十六天，儿子来一信。老人看得懂，欢乐宁有尽。
（六）匆匆六个月，毕业无文凭。日新又日新，苦口作新民。
（七）病发前一夜，母对高妈说：你比我年青，求学心要决。
（八）子孙须牢记：即知即传人！若作守知奴，不是中国人。

陶行知的夫人汪纯宜，休宁县石门庄（现黄山市新潭镇惠门庄村）人，3岁时父母双亡，与陶行知是旧式婚姻。汪纯宜心地善良，婚后陶行知即赴美留学，她担负起家庭重担。汪纯宜育有四男，即陶宏、陶晓光、陶刚、陶城。

汪纯宜同样为了陶行知的教育事业付出了巨大的牺牲。1928年，汪纯宜带着家人由北京来到了晓庄农村，支持陶行知创办晓庄学校，发动乡村教育运动。全家迁到乡村后，由于对陶行知长年累月在外奔跑甚为牵挂，又因误食了过量安眠药损害了神经，她时常精神错乱。1930年4月11日下午4时，

休宁万安陶行知启蒙馆内景

陶行知匆匆由外边赶回家里，对母亲、妻子和孩子们说：“蒋介石亲自下密令通缉我了，并武装查封晓庄，明天早上就要执行。敌人这次决心很大，要对我下手了，你们大家可要特别小心啊！必要时也得躲躲。”陶行知的这一席话对全家来讲真是恐怖万分，特别是汪纯宜，既要为陶行知的安危牵肠挂肚，还要为全家即将到来的厄运与苦难焦虑万分，寝食难安。当时谣言四起，一说陶行知已在某地被捕，一说陶行知已被枪决，这些话传到汪纯宜耳中，不啻晴天霹雳，她忧惧万分，一时想不开，跳入了夫子庙的臭水河中自尽，好在被一义士救起才幸免于难，但自此病况日益严重……1936年4月23日，汪纯宜在上海普慈疗养院去世，年龄只有40出头。

陶行知胞妹陶文渼，自幼进过学校，有理想，有抱负，更是坚定不移地支持陶行知的事业。1923年，陶行知推行平民教育，陶文渼负责试验女子学校的工作。1927年，陶行知创办第一所乡村师范学校，陶文渼助其开展晓庄周围妇女的工作。丈夫张枝一英年早逝，陶文渼没有子嗣，与陶行知一家生活在一起，挑起料理家务的重担，被侄子称为“慈母”。陶行知说：“我所以能够专心为社会做事，全靠她治家得宜，免去我内顾之忧。”陶文渼因积劳成疾，倒下时年仅35岁。陶行知对妹妹的过世痛不欲生，他说，“我的心都要碎了！”“我的生命已经残废了一部分”。

陶文渼的一生虽然短暂，但是她是一位崇高而伟大的乡村妇女解放运动的开拓者，她用自己心中的爱去战斗、去创造，乃至奉献出自己的生命。

（来源：摘自汪智明《行知桑梓 古镇万安》一文，原文刊于《重庆陶研文史》2011年第1期）

我的一生（节选）

吴树琴

1916年初，我出生在安徽省休宁县溪头村一个吴氏家族里，祖上经营布业和酱坊，祖产共有200多亩田和两幢房屋、一个石灰窑，全家主要生活来源靠收租。祖父在我3岁时就去世了，我对他没有什么印象。我祖母很封建，整天不是打牌就是拜祖敬神。我父亲有六个哥哥、一个姐姐，父亲是家中最小的。我祖父去世后，三伯父掌管全家的经济大权，一切都得服从他的安排。我父亲读过几年书，在年轻时曾和几个朋友在上海办过几年商务中学，后来又和在上海的兄弟开股票公司做股票生意，1926年股票公司倒闭，他回家跟着三伯父，帮助收租和管账。我母亲也是富贵人家出生，知书达理。她17岁嫁到吴家，先后生育了四儿两女。我小妹在6岁时生病死后，我是她唯一的女儿，所以母亲对我十分溺爱和放纵。母亲要我用功读书，希望我将来能找个好工作，赚大钱过好日子。哥哥吴恒慈，长我7岁。我下面有三个弟弟：恒智、恒恩、恒惠。大弟恒智过继给了三伯父，二弟过继给四伯父，但实际上还是由我母亲带。我7岁的时候，就和大弟恒智进了本村的缉熙小学读书，当时所学的都是四书五经八股文，老师灌输的也是忠孝节义、男尊女卑的封建思想。读书虽枯燥无味，但受母亲的教诲，我总想考第一名，读书很用功，所以进步较快，深得老师和母亲的喜欢。我9岁那年，哥哥在学校里因参加爱国运动死于五卅惨案。我小学毕业后，就考取了安徽屯溪隆阜四女中。我喜欢英语和数学，成绩也不错，英语在班上一直是第二名。初中毕业后，由于得不到三伯父经济上的支持，加上我所在的中学没有高中，迫不得已，我只好进了本校的师范班。

1934 年我师范毕业后，求学心切，不顾经济上的拮据，就和本班同学沈德华、黄彤麟跟着一位方教员到了南京，借住在他的老师——南京的安徽公学校长姚文采先生的家中。在南京期间，我们曾考了好几所大学，只有安徽大学录取了我们。但大家认为此校是三类大学，都不愿意去，就从南京去了上海。临行前，姚先生为我们写了一封信，要我们到上海找他的同乡好友陶行知先生，并希望我们在求学问题上征求他的意见。陶行知先生热情地接待了我们，他认为上海中法大学药学专修科办得较好，于是我们三个人就进了这所大学。在星期天或假日的时候，我们三个人时常会随着陶行知到大场去参加他主办的工学团或是“小先生”所办的学校。陶先生有时给我们讲学，介绍他办的学校，有时教我们写毛笔字。能和他在一起度过假日，我们感到格外轻松和愉快。有一次，在黄彤麟的要求下，陶先生还专为她写了一幅字：“清风明月无人管”（现由黄彤麟丈夫捐赠给歙县陶行知纪念馆）。1936 年 6 月，陶先生在去 28 国的途中，还为我、彤麟、德华三姐妹写了一首打油诗：

三姐妹，想起很惭愧。走得太匆匆，无法说再会。
一月不相见，见相如见面。赶决收起来，常见讨人厌。
昨天在广西，今天在广东。我是什么人？现代孙悟空。

通过与陶先生的接触，我初步了解到陶先生也是我们安徽同乡，老家在歙县，离我们家很近。他告诉我，他有四个儿子，妻子汪纯宜在创办晓庄试验乡村师范学校时，协助他做过很多事。1930 年后，汪纯宜因受到惊吓和刺激得了精神分裂症，他的母亲帮他持家。1929 年他妹妹陶文渼去世。1933 年母亲因积劳成疾而病逝。妻子还在医院里治疗，家里的事里里外外都要他操劳。陶行知先生主办演讲会，我也会去参加，我被他渊博的知识和幽默的谈吐深深吸引，因而在思想上受了他的一些影响，觉得他不是一个普通人。

读完了大学第一学年，家里不肯继续支付我读书的经费，我和陶先生谈到自己的处境和打算时，他坚决反对我放弃学业，并主动提出，用他的一份力量来为我解决学习的经费。他还要我像居里夫人那样，坚持学习，将来做个专家。在陶先生的帮助下，我取消了做教员的计划，坚定了完成大学学业的决心。

1936年6月，全国抗日情绪继续高涨。陶行知先生受“全国各界救国联合会”的委托，要以民间外交使节的身份出访欧亚美28国，宣传抗日救国，发动侨胞共赴国难。7月初，在风声鹤唳的环境下，他不顾国民党政府的禁令毅然出使。他先秘密来到香港，再辗转到国外。他临行前曾对我说：“目前国家处在生死存亡的严重关头，我要去国外宣扬抗战救国，希望你安心读书。”在陶先生出国前，即1936年4月23日，他患重病的结发妻子汪纯宜女士在上海去世。陶先生怀着万分悲痛的心情离开了国土，离别了亲人，到欧亚美去完成他的使命。在国外，每当他悲伤苦闷之时，就会给我写信诉说他心中的感受。虽然我们远隔万里，但数十封鸿雁传书，拉近了我们间的距离。1937年8月，我收到了陶先生在美国汇给我的最后一笔学费，共计40美元。是他帮助我完成了大学的学业。

1938年8月我大学毕业的时候，曾幻想着找一个从事药物研究的工作，帮我实现当专家、过好日子的梦想。但事与愿违，在当时那种社会里，我所学的药学专业出路很狭窄，除了在上海工作就没有地方可去。正值苦闷的时候，我接到陶行知的来信，他已由国外回到香港。他告诉我，回国后，准备办三件事：在香港办一所职工补习学校；筹办一所难童学校；创办晓庄学院及晓庄药物研究所，培养高级人才，从事国药研究。他在信中特聘我到香港晓庄药物研究所工作，于是1939年1月17日我离开上海去了香港。

到了香港后我才知道，陶行知将用来开办晓庄药物研究所和职工学校的经费全部捐给了流亡灾民，以致在港办学的计划落空，我在香港的工作也就成了泡影。尽管当时国民赈济委员会（国民政府在抗战期间设立的救济机构）的许世英（字俊人，当时为国民政府赈济委员会代主任，为了募集育才学校经费，陶行知聘其为育才学校董事）答应补助一部分钱，但这个经费是给陶行知到重庆招收难童办育才学校而备用的，不可能动用。随着国共合作和抗日高潮的到来，陶行知的通缉令终于被解除了。陶行知还当选为国民参政会的参政员。此时的香港也没有我发展之地，我便于 1939 年 2 月 1 日随陶行知离开香港，取道越南河内、云南昆明，来到重庆，暂住北碚。

1939 年 3 月，陶行知在创建育才学校的同时，创办了晓庄药物研究所。当时北碚地区疟疾流行，而治疗疟疾的特效药奎宁紧缺，一般老百姓吃不到也买不起贵重的奎宁药。陶行知提出帮老百姓解除这个病痛之苦，要我研究治疗疟疾的中药。当时我思想上有些顾虑，他就耐心地说服我："有条件去干，没有条件要创造条件去干。困难是有的，要以迎接困难、解决困难为乐，凡是对人民有益的事，都应该充满信心去做。"他亲自和我一起去拜亲访友，寻找治疗疟疾的秘方。经过多次奔波，他终于找到一张处方，高兴地交给我，要我去试验和研究。他又在育才学校里找了一位工友江卫清来协助我工作。面对没有设备和工作室的情况，我们在研究所附近找到一间破土地庙，经过修理，搭起土灶，购买了简单的制药设备和药材，就动手干了起来。我们将治疟疾的药材磨成细粉，熬成中药水，分送给附近的老百姓服用，实践证明药效良好。可是不久，有人反映水药太苦，服用后会引起呕吐。陶行知也认为水药使用起来不方便，还会有副作用，要我设法解决这两个问题。于是我根据所学的知识和从事药研的经验，将水药浓缩制成半流动药膏再加些辅助药粉，制成中成药丸。在不断地分析和修改药方成分的同时，又经过一年多上万人次用药的试验，中成药丸疗效显著。我们就将此药命名为治疟丸。治疟丸很快免费送到了农民、工人、学生、士兵手中。我第一次体验到学有所用的乐趣，也第一次分享到成功的喜悦。

陶行知自国外毕业回国后，从创办晓庄学校，到被学校反动派查封；从去日本避难，到回上海创办山海工学团；从任外交使节，到失去结发之妻，几经磨难，备受煎熬。这苦难和情感，我在与陶行知交往中体会很深。随后这些年他不息的奋斗精神，愈加使我敬佩，为我们志同道合打下了基础。

1939 年冬天的一个夜晚，我和陶行知漫步在花园中。他握着我的手，对我说：“我们已给那么多苦孩子建立了一个大家庭，我们自己也需要一个小家庭，我们结婚吧。”对于这个问题，我有我的顾虑：年龄的差距，家庭的反对，世俗的偏见，人言的可畏……所有的迷惑和彷徨，最终还是被陶行知的人格魅力所征服。为了征得我母亲的同意，陶行知给她写了一封信。

丈母娘赐鉴：听说您老人家舍不得把琴姑许配与我。我这样冒昧的和她精诚团结，觉得对您十分抱歉。现在抗战未完，我不能亲自送还给您，托别人带来又不放心，思来想去，只有祷告上天，允许您再生一个小妹妹。这样大家都好，省得我讨来讨去，怪不方便，您老也省得许多烦恼。不知您赞成否？倘使赞成，我就祷告了。

您的女婿

1939 上半年写

新婚的前夜，酷爱作词作诗的陶行知在兴奋之余和我对词，他一句，我一句，合撰了一份“结婚通告”。我将它写在了我和陶行知唯一的一张在北碚温泉公园的合影照之后。

前世有缘，无法奈何。我也爱他，他也爱我。

教学相长，如切如磋。好来好往，朝朝暮暮。

万里长征，好事多磨。苦中有甜，彼唱此和。

国难当头，理宜节约。替代钻戒，丹心一颗。

不要媒公，不要媒婆。两厢情愿，终身合作。

主不请客，客不恭贺。敬告亲友，大家呵呵。

1939年12月31日，我和陶行知在育才学校举行了婚礼，没有张灯结彩，没有披红挂绿，没有磕头拜天地，只有育才学校百余名师生和前来贺喜的草街子（地名，位于今重庆合川区）淳朴的乡民热情的祝福。我们频频向大家鞠躬致意。陶行知激动地将我俩撰写的“结婚通告”词朗诵了一遍。同学们以歌舞、诗词、书画等表达了他们最朴素的祝贺。晚餐加了个红烧肉算是婚宴。他们用旧碉堡改建成我们的新房。

新婚第三天，1940年1月2日，我和陶行知来到重庆沈钧儒先生的家中，陶行知写了十几张请柬，还特别写明：“实行节约，惠赠恳辞。”第二天，郭沫若、李公朴、史良、邹韬奋、陆璀、胡愈之以及美国记者安娜·路易斯·斯特朗等十几位好友赶来祝贺。陶行知再次朗读了我们的“结婚通告”词，友人们的祝词、贺诗、掌声连成一片，在欢声笑语中，结束了这场难忘的贺喜茶会。冯玉祥将军因事未能赶到，特派人送来了一对怀表，上面刻有“共同奋斗”四个字，以示祝贺。我和陶行知一直珍藏着此表，育才学校几度发生经济困难时，陶行知都曾想拿它去典当，但实在是难以割舍。直到南京和上海陶行知纪念馆成立时，应他们要求，我才分别赠给南京陶馆和上海陶馆。

（来源：摘自《重庆陶研文史》2007年第4期）

陶行知与徽杭公路

胡忠华

徽州地处万山之中，自古外出不便，同时交通不畅对徽州社会各个方面也会产生种种不利的影响。1920 年 3 月 18 日《申报》刊登《徽州杂述（一）》一文说：

其地环抱万山，交通艰阻，故东距杭县但五百里，北至大江但三百里，而风气闭锢不易转移。

1923 年 3 月 3 日，许士骐在《申报》发表《徽浙长途汽车极宜建设》一文，指出徽州对外交通闭塞会引致本地落后之风俗：

省俭耐劳素为徽人特性，然因交通不便关系，致劣旧思想迷信习惯牢不可破，缠足闺居之风依然甚炽。

1925 年 7 月 25 日，陶行知参加上海徽社聚会，并担任徽社顾问。在聚餐会上，陶行知对徽州同乡发表演讲《我对于屯昌汽车路办理的意见》。陶行知说，屯昌汽车路对徽州人民之重要至少有三：

一是增进商民家庭幸福。徽州人重视商业，十余岁就要送到外面学习经商，但是由于交通不便，一般是“两年一归”或者“三年一归”，有的甚至十年八年才能回家一次。

如果将来屯昌汽车路成功了，便可与余杭汽车等路衔接，那么由沪杭启行回徽当日就可到家了。真不知要增进吾商民多少家庭幸福！

二是便于输入文化事业。徽州人要看上海各种日报，快则四五天，迟则十天八天之久，令人好不烦恼。徽州三所省立学校想请好的教员，常常因为交通不便请不来，以致教育不振。

像这次始创道尔顿制教育家柏客赫司脱女士来华，所至各地，都是交通便利所在。倘若吾徽交通便利，或者可以请她去一览吾黄山之奇境。即如前次杜威、罗素、孟禄、泰戈尔诸大学问家来华，都不曾到过我们家乡。完全是交通不便利之故。如果汽车通行了，就没有上面的缺憾。所以此事关系吾徽文化也是很大的！

三是便利天才学生出外求学。

近数年来，吾徽中等学生毕业者，每年约有七八十人或百余人，家乡无高等学府，只得出外升学。但是交通不便，贫寒子弟即以此不能领受高等教育，本乡与国家因此减少一部分之人才，实在可惜！倘若长途汽车通行，此弊当能免除。

陶行知认为，兴办长途汽车事业如要成功，需要具备五大要素：一是须有信用素孚之首领，二是须有专家编拟的计划，三是开诚布公的账目，四是效率主义的组织，五是百折不回的毅力。陶行知说：

凡事不干则已，既干了，就要具百折不回的毅力，向前去干！并且要任劳任怨，始终负责，则将来一定可以达到目的，有圆满结果。我很希望诸位对这一层，应格外注意！因为不独办长途汽车事业要如此，无论办任何事业，都要抱这种精神！

陶行知在演讲中还呼吁全徽州人民大合作，共同修建长途汽车路。

在包括陶行知先生在内的众多徽州热心人士的积极奔走下，在歙县雄村旅沪商人曹霆声、曹九如兄弟的出资下，徽杭公路（歙昱段）于1933年1月动工建设，当年11月26日竣工通车。

徽州茶人小传——陶行知

郑 毅

在陶行知30年教育实践生涯中，有一段以茶办学的奇特经历。

20世纪20年代末，南京市郊靠近晓庄试验乡村师范学校（简称“晓庄师范”）的佘儿岗村上，破天荒地开了一爿茶馆，名叫佘儿岗中心茶园。茶馆是晓庄师范与中华职业教育社合办的，农友陈金禄任经理，陶行知与马绍季任指导。

茶馆专门雇了一位村嫂负责烧水冲茶。每天傍晚，只要那大喇叭式的留声机一响，佘儿岗村的村民便三三两两走进茶馆喝茶聊天。庄稼人只有在黄昏之后，才有工夫坐到这里喝茶，也只有喝着这样酽酽的茶汤，才好消除他们劳碌一天的疲乏，享受那份苦中作乐的惬意。

茶馆门口柱子上张贴着陶行知自撰的茶联：“嘻嘻哈哈喝茶，叽叽咕咕谈心。”而晓庄师范的学生也在茶馆里和农民一起当炉烧茶，并在陶行知的带领下开展农民教育活动，他们根据农民的特点，以说书的方式教农民识字，边喝茶边解释，寓识字于品茶之中。

佘儿岗的茶馆办出了成效，陶行知又规定晓庄师范的师生在每一所中心小学的附近都要办一所民众茶馆，此后，类似的茶馆便雨后春笋般涌现。佘儿岗茶馆由一花独放到百花盛开，在中国教育史上可谓是独一无二的创造，在中国茶史上也是一段前无古人的佳话。比之一般的茶馆，它们既有相似点，也有其特殊之处。因为陶行知创办这些茶馆，并非仅把它们视为喝茶聊天的地方，而是把茶馆作为教育乡村民众的课堂和丰富民众娱乐生活的场所，正如他为佘儿岗中心茶园撰写的另一副对联所说：“为农民教育之枢纽，是乡村社会的中心。”

陶行知是爱茶之人，他对家乡的茶有着深刻的理解和强烈的感情。他说：“我们徽州的土产本来不错。你看朱晦庵、江慎修、戴东原诸位乡先贤，哪一位不是土产？”“譬如茶叶是家乡的土产，我们徽州人是没有不喜欢喝徽州茶的。”是啊，徽州是茶叶的重要产地之一，徽州茶就是徽州的土产、物产、特产。

陶行知与谢育华是至交，谢育华是黄山毛峰创始人谢正安的孙子，他与陶行知是同乡也是校友，两人关系密切，友情深厚。陶行知创办晓庄师范学校时，谢育华接到邀约信后立即从上海赶到晓庄师范任教，他与陶行知一起带学生下田劳作，一同开办茶馆。也正因为陶行知出生在茶乡且喜爱故乡的茶，所以，陶行知写了一首《毛峰茶》诗：

茶吞黄山云雾质，水吐漕溪草木香。
来客若是玉川子，多喝一碗又何妨。

这首诗对黄山毛峰的产地、环境、品质都有细致的描述，可谓十分贴切。是啊，故乡的毛峰既香又甜，多喝一碗又何妨啊！

（来源：《黄山日报》2014 年 11 月 7 日）

回忆祖父姚文采，他是陶行知的好兄弟

姚于杭

陶行知力邀姚文采到南京上学

1910年暑假的一天，杭州。陶行知、姚文采这一对同乡学友在异乡相逢。一番叙旧后，当时在南京上大学的陶行知，鼓励时为农村小学教员的姚文采也去南京深造。囿于家庭贫寒，姚文采有点犹豫。见状，陶行知不假思索地说："走！有我吃的，便有你的。"于是，姚文采来到南京，通过打工，积攒学费，最终考上南京汇文书院（金陵大学前身）。在陶行知引荐下，1917年起，姚文采在东南大学教书育人。1923年起至1951年的28年间，姚文采在南京安徽中学（编者注：南京安徽中学，1923年至1929年名南京安徽公学，陶行知任校长、姚文采任副校长；1929年更名为私立南京安徽中学，陶行知因致力于晓庄乡村师范教育，坚请辞职，姚文采继任校长）"师陶"治学……他的足迹所至，无不与陶行知有着密切联系。姚文采的住宅，位于离南京安徽中学（位于今白下路）不远的城南莲子营，是幢二层小洋楼。小洋楼一层虽大些，也只是"瘦身"的四间卧室；二层虽小些，但能辟两间睡房，置床两张，来客一样休息得好。南京安徽中学定向招收皖籍子弟，每年报考者很多。一些小同乡来南京后，会先到姚文采家歇脚，好吃好住，一律免费。1934年，有三位来南京考大学的休宁县女生，当时

陶行知（左）和姚文采

就住在二楼，经姚文采指点，她们去了上海，考上心仪的大学。其中一位叫吴树琴的，在上海与陶行知相识相爱，日后喜结连理。

抗战期间迁校至皖南办学

陶行知将南京安徽中学校长的重任托付给姚文采后，对其人品和工作非常满意放心，多次以书信勉励他。1942 年，冯玉祥以一副“救民安有息肩日，革命方为绝顶人”的对联赠与姚文采，对其爱国、敬业、奉献精神给予高度评价。

1937 年，姚文采带领南京安徽中学 800 名师生，从南京临时迁校至安徽屯溪，坚持办学。抗战后期，姚文采因工作劳累，体力不支，病倒在床，一连昏迷数日，经医生抢救，他顽强地挺了过来。围在床边的师生们喜极而泣，姚文采说：“我是不会死的——你们远在南京和其他各地的父母还等着我将你们平安地送到他们身边呢！”在这批“柏山学生”中，走出了一大批国家栋梁之材，包括张逢铿、吴鸿适这样享誉中外的科学家。

抗日战争胜利后，安徽中学又迁返南京复课。1951 年 9 月，安徽中学并入南京市第六中学，姚文采仍担任校长。1958 年病逝前，姚文采还一直在南京教师进修学院教学岗位上发挥余热。

陶行知称他为“亲兄弟”

和陶行知早期推广“平民教育”，后期参与创建“民盟”一样，姚文采也经历了从文教人士到民主人士的转变，这与姚文采和陶行知两次共同战斗的经历密不可分。

第一次是在1930年4月，蒋介石下密令缉拿陶行知并查封晓庄师范。住在姚文采家的陶行知从赶来的友人口中得知消息，立意以身殉职。经姚文采等人苦劝，陶行知才同意出走上海。临别，陶行知鼓励众人："我们还要再干的"。不久，姚文采与20多位晓庄师生一起被捕。在狱中，姚文采受尽严刑拷打，却始终未透露陶行知的去向。两个月以后，姚文采被张治中保释出狱。其后，姚文采又于1934年、1936年两次被捕下狱，但每次下狱都动摇不了他伸张正义的决心。

第二次是在1946年4月12日，陶行知从重庆来到久违的故地南京，住在莲子营六十号姚文采宅。这次重逢，气氛略显凝重。姚文采看到陶行知消瘦的身躯，劝他到黄山去稍事休息。陶行知回答说："时代不许可我休息，民主不许可我休息！"并鼓励姚文采说："文采！你比我小，要发愤忘食，乐以忘忧，不知老之将至，积极才好啊！"

1946年7月25日，陶行知突发脑出血，在上海去世。噩耗传来，姚文采万分悲痛。在两千来宾参加的陶行知葬礼上，姚文采不惧白色恐怖，声泪俱下地控诉国民党当局的反动行径。

陶行知生前曾向其子陶城感怀：姚文采、许士骐是自己引为亲兄弟的两个人。陶、姚两家在生活、事业上相互支持，同舟共济，生死相依。

陶行知所归葬的墓地（即今"行知园"）及姚文采本人墓址，都是姚文采生前一手选定的。两处墓址距离他们并肩战斗过的晓庄师范原址靠得很近。这对生前离多聚少的好兄弟，百年后依然相伴在一起。

一代宗风播八荒

——纪念爱国教育家姚文采

程翔云　郁祖权

黄山白岳屹青江

姚文采（1893—1958），原名姚蕴丰，安徽歙县深渡镇九砂村人。幼年家境贫寒，就读于歙县崇一学堂，与陶行知、洪范五、朱家治等人同学。姚文采毕业后，曾任教于山村小学，后在陶行知鼓励下考入南京汇文书院（金陵大学前身），先学医，后改学生物。陶行知留美学成归国，任南京高等师范学校（后改名为东南大学、国立中央大学）教务长时，聘姚文采担任该校生物学、解剖学讲师。

1923年，陶行知、姚文采、夏辅宜、李希白、洪范五等十余人组成了南京安徽公学筹委会，公举夏辅宜、孙洪芬、桂望之、李希白、姚文采、苏民生、洪范五、查敬吾、孙宗诚、刘乃诚等为校董，推选夏辅宜、孙洪芬为校董会正、副主席，陶行知为校长，姚文采为副校长，并呈报苏、皖两省省长公署及教育厅立案。学校试行三三新学制，选聘南京高师、东南大学、金陵大学毕业的皖籍高才生为教师，招收安徽失学青年。首次招收学生130名（高一年级1个班40人，初一年级2个班90人），于9月15日开学。

1927年，陶行知创办南京晓庄师范学校，姚文采竭力配合，做了大量工作，并义务担任晓庄师范的生物课教师。1929年9月，南京安徽公学更名为私立南京安徽中学，陶行知辞去校长职务，姚文采继任校长。1951年9月，安徽中学与南京六中合并，称南京市第六中学，仍由姚文采担任校长。姚文采1953年调到南京市教师进修学校生物组工作，1958年病逝于南京工人医院，被安葬在南京晓庄师范陶行知墓附近。

姚文采自安徽公学创校伊始就追随陶行知，长期负责学校的具体事务，对陶行知的教育思想耳濡目染，熟稔于心，一直遵循陶行知的教育思想组织教学和参加社会活动，积极倡导勤俭办学、民主办学。安徽公学的办学经费主要来自旅宁安徽人士的捐助，常常会因为资金不足陷入困境，姚文采不惜变卖私产，捐赠给学校。为了节省开支，学校还成立膳食委员会，每日安排3名学生参与管理，其中2人负责监厨，1人陪同买菜，按月公布账目。即使是在流亡战乱的年代，学校工作和生活秩序始终井井有条。陶行知倡导“科学下嫁”“手脑并用”“教学做合一”，姚文采身体力行。安徽中学十周年，陶行知作诗《贺安徽中学十周年纪念》以示祝贺：

大事不好了，黄帝子孙今病倒。
书呆软手又软脚；田呆笨头复笨脑。
强盗进门怕抵抗，张开大嘴会吵闹。
不要吵，不要闹，
呆子会医呆子病，我校仙丹炼好了。
一丸叫作脑化手，一丸叫作手化脑。
呆子吃下呆气消，手脑相长永不老。
十年生聚十年教，再过十年该好了。

1937年七七事变后，日寇大举进攻中国，姚文采率安徽中学800子弟，步行700余里，来到抗战后方屯溪，先后在屯溪老街、阳湖、柏山等地坚持办学，史称“皖中”。从沦陷区逃亡而来的学生，且不说缴纳学费，就是日常生活开支、衣食住行都要靠学校接济，姚文采倍感压力，但仍旧义无反顾，在全校师生大会上宣布：“学校是我的，我也是学校的。”

1945 年 8 月抗战胜利后，学校迁回南京。姚文采派程翔云、姚启厚、洪余庆等为先遣组，由屯溪奔赴南京，参与复校接收工作。9 月，在姚文采的提议下，皖中留下全部图书、仪器设备及部分教师，支持屯溪的教育。

救民安有息肩日

“救民安有息肩日，革命方为绝顶人。”1942 年冯玉祥将军亲自撰写了这副对联送给姚文采，高度概括了姚文采的爱国精神、创业精神和办学精神。

1925 年五卅惨案发生后，在姚文采的支持下，南京安徽公学的师生来到南京市下关等地组织工人罢工，到南京市郊区甚至安徽等地宣传进步思想，支持商界罢市，共同抵制日货。1927 年北伐军进军南京，学校在姚文采率领下，组织战地救护队，前往通济门等前线地区，抢救受伤的国民革命军战士。1935 年 12 月 18 日，在一二·九运动的影响下，南京安徽中学全校师生打着“还我河山”的大旗，直奔中山陵，参加哭陵誓师，以“我们要救亡”为口号，来到当时的南京行政院请愿。1936 年 9 月，姚文采特邀爱国将领冯玉祥将军到学校讲演，以勉励全校师生勿忘国耻，要拯救国家民族于苦难之中。

1937 年夏，南京安徽中学内迁到屯溪后，更以抗日救亡为首要任务。姚文采在《三年来之皖中徽州分校》一文中写道：“文采认为此时维持学校固属重要，而保卫家乡，协助抗战，尤为要图也。”1938 年 1 月，学校成立战地服务团，姚文采亲任团长，并将时任第三战区前敌总司令薛岳将军部下的朱凡（中共特支书记）等人请来协助训练。1939 年冬，日寇直犯徽州，战事吃紧，姚文采处危不乱，通过多方渠道筹措了一大批粮食、海盐及日用品，还借来了200支步枪，准备带领师生在大山深处一边打游击，一边办战时中学，誓与徽州共存亡。姚文采在学校高中部增设投弹射击训练和战地救亡课程，组织师生巡回演出《放下你的鞭子》等街头剧，四处募捐，救济难民，慰劳官兵。同学们更是把读书救国视为己任。

姚文采还支持共产党人的工作。抗战时期，姚文采兼任黄山管理局局长，曾在太平地区办了一个新桥农场，多次向新四军输送物资。姚文采与皖南游击队领导人刘奎保持联系，刘奎8岁的儿子被特务诱捕，姚文采冒着风险出面找警察局交涉，以情报失实为由解救了孩子。中华人民共和国成立后，时任安徽省军区参谋长、副政委的刘奎亲往南京，向姚文采当面致谢并合影留念。

时光似箭，岁月如梭。历史已翻开了崭新的一页，但皖中校歌“黄山白岳屹青江，钟秀毓群英”，“成功取义本吾志”，“凭中流砥柱，重光万里长城”的精神依然熠熠发光。

（来源：《杏坛春秋》2002年2月）

我国图书馆事业的拓荒者

——纪念洪范五先生

程翔云　郁祖权

洪范五（1893—1963），原名洪有丰，字范五，安徽绩溪人，从父亲洪柏寿起移居休宁县万安镇。洪范五幼年启蒙于吴华甫塾馆，后入歙县崇一学堂，与陶行知、姚文采等同窗。1910—1912 年入南京金陵大学堂中学部。1912 年考入金陵大学，攻读文科，1916 年毕业留校任图书馆管理员，后又升任图书馆副馆长。1919 年赴美国纽约州立图书馆学校（这所学校后并入哥伦比亚大学）攻读图书馆学，其间兼任美国国会图书馆中文图书临时编目员。1921 年，获图书馆学学士学位，同年回国，任国立东南大学图书部主任兼图书馆学术集要课程教授。1924 年倡议成立南京图书馆协会，次年倡议成立中华图书馆协会并任董事。1927—1949 年任国民党中央党务学校、中央政治学校、清华大学图书馆主任，中央大学教授兼图书馆馆长，安徽省教育厅厅长秘书兼第三科科长等职。中华人民共和国成立后，任南京大学教授兼图书馆馆长。1952 年 8 月，作为图书馆专家到华东教育部负责全国高校院系调整的图书调拨工作，同年 12 月调入华东师范大学图书馆任业务指导，1955 年任副馆长。1957 年、1963 年，先后两次被国务院科学规划委员会和国家科学技术委员会聘为图书组组员。1963 年 1 月在上海辞世，终年 71 岁，葬于南京花神庙公墓。

呕心沥血，创业维艰

1921 年至 1926 年，洪范五任东南大学图书馆部主任期间，坚定地认为一所理想的大学必须有设备完善的图书馆。在校长郭秉文的支持下，洪范五积极向政府及工商界呼吁，筹集建馆资金，得到江苏督军齐燮元的赞助，建成孟芳图书馆。图书馆面积约 1600 平方米，一切设备均力求适合现代图书馆之需要，为“继清华学校图书馆后之第二新式图书馆”。

洪范五认为图书馆事业是一种专业，从事图书馆工作的人员必须接受专业训练，他在陶行知主持的中华教育改进社第一届年会中提出图书馆管理人员专业训练案，并身体力行，在东南大学创办图书馆学讲习班，为我国图书馆事业培养了一批中坚人才。洪范五极力主张图书馆应采用开放式书架，使藏书流通，充分发挥图书馆的功能。他认为：“图书馆之设在罗列群书，供众研究，以辅教育之不逮；不但学术得以日新，文化亦因之而益进。其有功于社会国家者诚非浅鲜，然非如宋之尊经阁、清之文澜阁等，保而藏之，秘而不宣者也；须公开任人参阅。”

1927 年 8 月至 1935 年 6 月间，洪范五曾先后两次担任清华大学图书馆主任，并被选为北平图书馆协会执行委员会主席。在此期间，他将主要精力用于清华大学图书馆的扩建和加强藏书建设。早在 1923 年 8 月中华教育改进社举行第二次年会时，他就和施廷镛先生联合提出“省立图书馆应征集县志书及善本书籍”的提案，经修正后通过。1929 年 5 月 9 日，经洪范五力争，清华大学以 34000 元购得杭州著名的杨文莹的丰华堂藏书，使清华大学图书馆藏书大为增色。

抗日战争期间，国立中央大学西迁重庆，洪范五将图书馆内全部图书期刊装箱启运，安全抵达，保证了师生的教学和科研。校长罗家伦认为：“此固有赖于全校同人之努力，然范五先生在艰苦中维持之功，自亦不能不为表彰，因为这是他对学术界实在的功劳，决不可湮灭。”

洪范五一生著作甚多，可惜战乱频繁，多已散佚。现存著述中，最具影响的即《图书馆组织与管理》一书，是洪范五在东南大学暑期讲习班图书馆学讲义的基础上编撰而成。该书于 1926 年 8 月由商务印书馆第一次出版，并于 1933 年和 1935 年两次重印，一部受众面较窄的学术著作在短短的几年内两次再版重印，可见其学术地位之重，社会影响之大。

关心桑梓，造福后代

洪范五对安徽教育极为关心。早在 1921 年，他就与胡适一起，应省教育厅之请，赴安庆讲学，胡适讲了“实验主义”“国语运动与国语教育”“对于安徽教育的一点意见”等，洪范五讲了“图书馆问题”。1928 年，韩安出任安徽省教育厅厅长，洪范五先生应邀担任第三科科长，主管全省社会教育。当时省立图书馆馆长胡翼谋国学造诣甚深，但未受图书馆学专业训练，洪范五利用业余时间，向全馆同人介绍图书馆组织行政及专业知识，使省馆成为全省的楷模。1932 年，叶元龙出任安徽省教育厅厅长，洪范五又受任厅长主任秘书兼第三科科长。他积极实践陶行知教育思想，主张学校教育与社会教育相辅相成，学校应以社会为中心，与社会打成一片。在洪范五主持安徽全省社会教育期间，他曾数次以政府的名义，明令各县市设立公共图书馆和民众教育馆，鼓励图书馆设立巡回文库，将宝贵的精神食粮输入偏远的乡村。

1904 年安徽旅宁人士曾在南京创办安徽旅宁公学，1905 年安徽旅宁公学改名为上江公学，1912 年又改名为安徽旅宁中学。1923 年，安徽旅宁中学改称南京安徽公学，陶行知任校长，姚文采任副校长，洪范五任校董。

1937 年，中央大学西迁重庆，但其实验学校远途动迁，十分艰难。在洪范五精心策划安排下，实验学校迁至抗战后方屯溪，如期开学，中央大学校长罗家伦的家属也由杭州安全转移至休宁万安。

徽州中学图书馆藏书极丰，线装古籍有 2 万余册，且多为珍稀善本。

1940 年秋，图书馆遭日机轰炸火毁。洪范五先生慨然将万安桑园住宅借与学校藏放图书，劫余典籍，赖以保存。

洪范五先生一生眷恋故土，精心育人。他对山东农业大学教授程跻云博士及其弟程翔云等关怀备至，视同家人，帮助他们成才立业。直至今日，程氏兄弟与洪先生的子女虽远隔重洋，仍情同手足，交往频繁。

诚恳待人，和蔼可亲

洪范五先生是一个严于律己、诚恳待人、不慕虚名、不图近利的人。他交友广泛，遍及五洲，就安徽老乡来说，至交甚多。如陶行如，同乡同学同事，交谊很深。洪范五一直支持陶行知领导的中华教育改进社以及创办南京晓庄师范的工作。洪范五从美国回来，即寄住在陶行知家。后来洪范五在南京相府营 6 号建成住所“柏园”，陶行知辞去公职，创办民众教育，一度住在洪范五家。

胡适与洪范五都是绩溪人，1921 年在陶行知家中相识，此后交往频繁，交谊日深。1925 年，胡适被选为中华图书馆协会董事后，二人相互合作，关系密切。对洪范五的工作，胡适极为赞赏，1962 年胡适曾说：“范五先生是我国最早的一位图书馆专家，对于全国图书馆事业的发展，贡献极大。”

胡家健是国立浙江大学教授兼总务长、香港中山图书馆董事长，安徽绩溪人，1916年曾就读于安徽省立第二师范学校，后考入东南大学，是洪范五的学生。1928 年，二人都在安徽省教育厅供职；1944 年至 1946 年间，二人同为中央大学教授，关系密切。胡家健从事图书馆事业，多半受洪范五先生的感召。

1963 年，洪范五先生在上海逝世，他将毕生的心血与精力献给我国图书馆事业，造福后代，功德千秋。上海和台湾的有关学校都举行了吊唁活动。原中央大学在台校友致送挽联，概括了洪范五先生的事业和为人：“是图书馆拓荒者，旷代宗师启后学；亦教育界先导人，满园桃李泣春风。”

（来源：《黄山高等专科学校学报》2000 年 11 月，第 2 卷第 4 期）

新安画派山水画巨匠汪采白

洪振秋

汪采白与陶行知是崇一学堂的同学，汪采白生于徽州的名门望族，家庭经济状况好于陶行知家。少年陶行知经常到汪采白父亲处借阅图书，并手抄之。还书时，陶行知还与汪采白父亲交流学习心得，“白读”的故事（编者注：见本书《陶行知徽州轶事》一文）一时在徽州传为美谈。

汪采白（1887—1940），名孔祁，字采白，一字采伯，号澹庵，别号洗桐居士，歙县西溪人。汪采白的祖父汪宗沂（1837—1906），字仲伊，号弢庐、咏村，清末著名学者。汪宗沂一生博学多才，殚见洽闻，在经学、兵法、诗词、曲谱、医学、文学、术学、农学、目录学、书法、传记、姓氏、地方志诸领域，均有所长，堪称“江南大儒”。汪宗沂不仅是皖派学术发祥地不疏园的最后一代主人，而且是徽派学术大本营的“后起之秀”，在清末学术思想史上具有重要的地位与深远影响。黄宾虹、许承尧都出自汪宗沂门下。

汪采白少承家学，5岁拜黄宾虹为师，学习四书五经并丹青之法，21岁入两江师范学堂国画手工科，后接受西方教育。先后担任武昌高等师范学校教授、北京师范学校教授、南京中央大学国画系主任、安徽省立第二中学校长、北平艺术专科学校教授。

洗桐的典故来自“元四家”的倪云林。倪云林有洁癖，其院中梧桐日日令人洗之，才觉心旷神怡。倪云林的画风用笔轻而松，燥笔多，润笔少，墨色简淡，却厚重情温，无纤细浮薄之感，“天真幽淡，似嫩实苍”。倪云林的书法古而媚，密而疏，有晋人之风。汪采白别号洗桐居士，由此可见其画品、画风。汪采白的青绿山水画真有那一尘不染的味儿。

人生相识有时就是缘分，我对汪采白的认识就是一个例证。20 世纪 70 年代初，我小学一年级的班主任就是汪采白的女儿汪允清，汪允清一直把我带到小学毕业。进入中学，我的语文老师叫詹青萍，他是汪采白的女婿，汪允清老师的丈夫。后来，我在歙县县城读高中时，通过我的恩师黄学湘认识了汪采白的表弟洪百里。洪百里是汪采白的书画传人，他对我讲了许多关于汪采白的故事，也谈到徽州的一些名书画家，比如郑韶九、鲍二溪、许承尧、张翰飞、罗长铭、江兆申、黄叶村，等等，讲得最有趣味的是汪采白的传世之作《黄海卧游集》。

1934 年汪采白任南京中央大学教授，工作之余，用他最擅长的青绿画了他最熟悉的黄山胜景。1935 年 11 月，汪采白应柏文蔚、陶行知、许世英的促请，在南京玄武湖“养园”举办个人画展。此次画展作品大多是汪采白近年创作的青绿黄山，让人耳目一新。一时间，观者如潮，人们竞相订购。1935 年至 1936 年间，汪采白又两次进入黄山，创作 36 幅黄山题材作品，印成《黄海卧游集》。《黄海卧游集》画册为上海华东照相平版印刷公司彩色精印，前面有许世英、胡光炜、胡适三家的序言，其中胡适的序文：

> 近人作山水画，多陈陈相因，其层峦叠嶂，不是临摹旧本，即是闭门造山。汪采白先生此册，用青绿写他最熟悉的黄山山水，胆大而笔细，有剪裁而无夸张，是中国现代画史上的一种有意义的尝试。

我在洪百里家中看到了这本画册，被一张张精美的青绿山水惹得魂牵

松菊犹存
汪采白 / 作
137×67cm

梦绕。汪采白的青绿山水铺色明快，布局灵警，层次丰富，变化无穷。青绿山水画历史悠久，但得其要领却很难，清代王翚说：“凡设青绿，体要严重，气要轻清，得力全在渲晕，余于青绿法静悟三十年，始得其妙。”清初画家恽寿平《瓯香馆集》卷十二：“青绿重色，为秾厚易，为浅淡难；为浅淡矣，而愈见秾厚为尤难。惟赵吴兴洗脱宋人刻画之迹，运以虚和，出之妍雅，秾纤得中，灵气惝恍，愈浅淡愈见秾厚，所谓绚烂之极，仍归自然，画法之一变也。”而汪采白在师古师今师造化的基础上，大胆开拓青绿山水之法，使中国的青绿山水画走进“气息清新，布局灵动，意境超远”的新境界。

汪采白的书画题材一般有三种，即青绿山水、写意山水（浅绛山水）、花鸟等。青绿山水本来就是用矿物质石青、石绿作为主色的山水画，有大青绿、小青绿之分。浅绛山水是以赭石为主色的淡彩山水画，他的画“看似天真幽淡，实是似嫩实苍， 其山水的线条灵动，用色温润，意境高古，书法秀而古雅”，非一般人能及。汪采白画的花鸟虫鱼，形神兼备，自得天趣，意境超远，文人味儿尤深，颇具魏晋之风。

许士骐与陶行知先生

许唯物

我父亲许士骐和母亲贝聿昭的书画展，从 8 月 22 日起在被称为“文化一条街”福州路上的“上海笔墨博物馆”正式对外展出。这次展览不同往常，受场地限制，作品只能以小尺幅镜片为主，但不少书画和图片都是第一次公开展出，再加上其中有不少个人经历和史料，反而更加全面地反映了两老的工作、生活和艺术生涯。

父亲是安徽歙县人，与陶行知先生是同乡挚友。父亲十六七岁就离开故乡，外出学习、谋生，他学习的专业是绘画艺术，受陶行知思想影响极大。陶行知先生有一首诗，名叫《为老百姓而画》。

> 为老百姓而画，到老百姓的队伍里去画；跟老百姓学画，教老百姓画画。画老百姓：画老百姓的爸爸；画老百姓的妈妈；画老百姓的小娃娃；画出老百姓的好恶悲欢作息奋斗；画出老百姓之平凡而伟大……

父亲知道后，把这首诗奉为至理名言，马上抄录下来，随身携带。近百年过去了，这些话现在看来也不过时，画家应该到百姓中去，深入生活，这样创作的作品才会接地气。这次画展中的国画作品《农人》《码头工》

松鹤长春
许士骐 / 作
80×42cm

等，就是描写劳动人民形象的代表作。父亲很重视画大众喜闻乐见的图画，创作有时代精神的作品。

早年，陶行知先生曾看到父亲画了一幅东汉高士严子陵先生像，当即题诗一首："垂竿古渡头，无饵亦无钩。鱼儿爱知己，群来竿下游。"父亲非常高兴，以后还以此诗画了《鱼乐图》等多幅作品。

父亲曾经在法国巴黎美术学院留学，回国后画风为之一变。他有素描、油画等西洋画的基本功，但是又从来不简单西洋化，而是在扎实的民族优秀传统根基上"化"了"西洋"，进而形成了浑朴、醇厚、静穆和大气的艺术风格。

陶行知先生放弃高官厚禄，毕生以满腔的爱国热情投身于平民教育。他提出了"生活即教育""社会即学校""教学做合一"的教育理论，创办了南京"晓庄师范"、重庆"育才学校"和上海的"山海工学团"等学校，为中国的教育事业作出了巨大贡献。父亲追随陶行知先生，不仅应邀去学校义务任教，而且在学校经费发生困难的时候，积极组织画展，卖画支教。在这次展会展出的"育才之友国画展目录"中，就有著名大师徐悲鸿为帮助重庆育才学校而拿出的10幅画，可见当时艺术家们支持陶行知先生教育事业的热情之高。

这次展览会上还有一件珍贵的展品，是陶行知先生1946年写给我们家的亲笔信，这也是他最后一年在上海住在我们家的文字记载。不久，由于长期奔波劳累，陶行知先生突发脑出血与世长辞。父亲闻讯后立即赶去，并受郭沫若先生和陶行知家属的委托，当场复制了陶行知先生的手模和面模，以供后人瞻仰。陶行知先生一贯主张并身体力行"手脑并用"的教育思想，曾说过："人生两个宝，双手和大脑。用脑不用手，快要被打倒。用手不用脑，饭也吃不饱。手脑都会用，才算是开天辟地的大好佬。"如今，他的手模、面模已被评为国家革命文物，连同他的《手脑相长歌》，成为留给中国人民的宝贵财富。

在陶行知先生逝世的第二年（1947 年），父亲回到故乡歙县，在爱心人士的资助下，利用自家的祖宅，办起了一所让贫苦孩子能够读书的义务小学，这就是全国第一所以陶行知名字命名的“歙县行知小学”，受到家乡广大劳苦大众的极大欢迎。每当父亲与我谈及当年办校和孩子们的故事，他都会情不自禁地回忆起自己苦难的童年，并表示这只是他们这代人为了纪念陶行知先生而应该做的一件事情。

中华人民共和国成立后，百废待兴，国家急需发展医疗卫生事业，父亲从南京大学被调往上海，筹建“中央人民政府卫生部医学模型制造厂”，并任厂长。其间，父亲克己奉公、克服困难，运用自己在德国学习的专业知识，在王淑贞、颜福庆、倪葆春、沈克非、穆瑞芬等一大批医学专家的帮助下，组织设计、生产了大批医学教学模型。模型厂的产品不仅供应国内各医学院校，而且通过中国仪器进出口公司销往海外市场。20 世纪 60 年代初，模型厂同针灸专家陆瘦燕等中医界专家合作，开发研制了中国第一台光电显示“经络腧穴玻璃人”模型和“中医脉象”模型，填补了国内空白，荣获国家工业产品大奖。

今年是父亲诞辰 120 周年，每当我缅怀起这些事迹和成就，回想起父亲在学习及工作中对待困难的态度时，就会想起陶行知先生近百年前说过的话：“我是中国人，我爱中华国，中国现在不得了，将来一定了不得！”我想，这就是父亲他们这代人的理想和信念，是他们的精神和力量之源，也是他们终生不忘的初心。

（来源：《新民晚报》2020 年 8 月 25 日）

陶行知的得力助手方与严

张卫民

方与严是陶行知的得力助手，是陶行知教育思想的忠实实践者。1927年10月，38岁的方与严进入晓庄试验乡村师范学习，一年毕业，被陶行知派往湘湖师范，湘湖随即以“浙江的晓庄”闻名全国。方与严说，认定了一种主义或目的，是对的，那就应该去干，勇往直前去干。宁可牺牲了自己的生命，不可牺牲了主义或目的。无论做什么事情，必须要有万分的精神和努力。做事不牺牲，没有一桩事会成功。做事无主义或目的，没有一件事不遭失败。陶行知先生是他的榜样。陶知行在大学里当教授，每月薪水有四五百元，而抱定了主义，丢掉大学教授的地位，到晓庄创办乡村教育，每月薪水不过百元；在大学里能住上洋房，能吃很好的饭菜，到了晓庄，吃的是粗茶淡饭，住的是草房，卧的是帐篷或地铺。

一

1929年秋，方与严被陶行知召回晓庄，担任校务主任。1930年4月，晓庄师范被国民党当局查封，方与严到上海开设“小朋友书店”，作为晓庄师范联络点。在上海街头，方与严遇到越狱在逃的晓庄师范同学、中共党员刘季平，他知道刘季平处境危急，毅然冒死相救，凑齐一笔经费送刘季平离开上海，走上新的革命征程。1932年10月，山海工学团在上海宝山成立，方与严担任山海工学团联络处主任。1934 年夏，方与严到广西南宁开展生活教育。在广西南宁，方与严由徐劲介绍加入中国共产党，曾任中共南宁市委委员、宣传部部长。方与严主编《国民基础教育丛书》，创办《新大众》《新动向》进步刊物，很受青年学生欢迎，反动派为此十分恼火，1936 年底，广西当局将其押解出境。方与严回到上海，参与全国各界救国联合会工作，推行国难教育，为抗日救国奔走呼号。1938 年 11 月，陶行知在香港九龙山创办中华业余补习学校，方与严担任教务主任，并主持工作。在八路军驻港办事处廖承志支持下，学校办得很出色（办了两期），社会各界 1000 多人接受了抗日救国教育。1939 年秋，经组织同意，由陶行知通过冯玉祥、李济深的关系，方与严出任战地党政委员会皖南视察员，两次秘密赴泾县云岭，向中共中央东南局汇报工作。1941 年初，方与严到重庆育才学校任教务主任，育才学校成为中共中央南方局培养人才的重要基地。1946 年初，陶行知在重庆创办社会大学，方与严为教务主任并任生活教育教授。1947 年冬，方与严奉命到香港，在民主党派和无党派人士中开展统战工作。1948 年，中共中央发布“五一口号”，方与严同大批民主党派和无党派民主人士一起，经山东、朝鲜辗转来到华北解放区，方与严在中宣部教育组工作。北平和平解放以后，方与严随中宣部进京，以救国会代表的身份出席中国人民政治协商会议第一届全体会议，并参加开国大典，登上天安门检阅台。中华人民共和国成立后，方与严先后任教育部初等教育司副司长和民族司副司长，兼任《人民教育》编委、北京函授师范校长等职，多次深入西北、西南少数民族地区考察，为我国初等教育、民族教育、函授教育作出了贡献，当选为第三届、第四届全国政协委员。1968 年夏，方与严在北京病逝，享年 80 岁，其骨灰安放在北京八宝山革命公墓西厅。

二

方与严是歙县王充人，1889年出生，原名昌，字禹言，又字竹因。他父亲是当地有名的医生，有些见识。方与严从小接受传统私塾教育，13岁时父亲去世，被迫跟着姨丈学医，三年学无长进，弃医在家学习耕种务农，17岁开始从事塾师职业。方与严20岁时考入紫阳师范学校，毕业后从21岁到37岁做了17年的小学教师，先后在歙县伊川初等小学、敬宗小学、槐塘小学、崇一小学、承志小学、江西会馆小学、县立女子小学等校任职，曾任歙县教育会副会长，还有创办率正小学的经历，积累了丰富的乡村教育经验，由此，方与严撰写了《我的歙县乡村小学教育谈》，发表在民国15年（1926年）的《歙县教育会刊》上。

关于乡村小学的课程教学，方与严谈了几点经验：一、文字是通用的利器，应该注重寻常书信、新旧簿记和家常日用账目的练习；二、应该推崇珠算，不能因为是我国的旧计算法就轻视它，珠算与笔算并重，跟学生讲清楚珠算与笔算的异同所在，并教会学生记账的法子。以上两项课程，无论为商为农，或者家常日用，都是免不掉的，学生们学以致用，家长看得见；三、常识科目如美术、工艺、唱歌等固然应当重视，但要考虑教师的能力和精力，宁可缺一两项科目不教，也不能敷衍，失掉教育的真精神；四、常识科目的教学要结合实际，如体育没有适宜的场所，可以不规定强制的时间，下课以后任儿童在教室外踢毽打球等自由运动。又如手工课，统一教学内容未必适宜，应该根据当地情况学些实用的小制作。

方与严是一个很接地气的人，在学校管理上，他不是把学校与社会孤立起来，而是设法让群众支持学校工作。他建议斟酌地方情况，因地制宜，产茶的地方放些茶假，产麦的地方放些麦假，秋收的时候放些秋假，可使学生能够帮助家庭尽些扶助的义务，在寒假、暑假分别补足教学时间。方与严认为，教员要有为“百年树人”大计尽天职的修养。从事乡村教育困难很多，但不能等，要创造条件，与苦境奋斗，虽茅茨土阶亦可用作乡村小学校舍。

三

方与严任歙县教育会副会长时，与会长吴甲三等一起联合全县教员清查教育经费，追回被土豪劣绅侵占的稻谷3000余石。1923年，曹锟贿选，歙县国会议员吴日法等亦变成三四等“猪仔”（编者注：猪仔议员指收受贿赂、贪赃枉法、人格卑鄙、为国人唾骂之民意代表），为进步人士所不齿。吴日法回来后，准备办娶媳婚宴，一日，他借宣传伪宪之名拜访知县汪淮（字镜人），请汪县长去证婚，以此夸耀乡里。恰巧方与严等4人有事到县公署，遇到吴日法，他们愤不可遏，抓住“猪仔议员”讨伐问责，全署公务人员、警察等纷纷赶来劝解，吴日法乘机逃走。依照常规，作为知县，应该根据省令保护“猪仔”，逮捕首事方与严等人。但汪镜人以国家、民族前途为重，准备即使丢官，也要支持方与严等人的正义行动。当时，歙县教育会十之七八都支持方与严，尤其在城区及歙西槐塘、稠墅、大里一带，方与严有很强的号召力。全县公法团体召开联席会议，开除“猪仔议员”吴日法等人县籍。吴日法失掉了面子，很不甘心，在一帮劣绅的鼓动下，以汪镜人勾结乱党（指歙县教育会小学联合会）、通浙江卢永祥的罪名向省府报告，省长马联甲据此撤了汪镜人县长职务，并下令缉拿方与严等人。1923年5月，汪镜人到歙县担任知事，推行平民教育，提倡植树和妇女放足，禁止种吸鸦片和赌博。1924年1月，陶行知写信给汪镜人，称赞汪镜人找到了“治歙的入手要策”，汪镜人收到陶信后不久即去职离歙。后来，方与严回忆说，是他们连累了汪镜人县长。

1927年春，歙县国民党进步人士推选方与严等人到省城联络，意欲斩断土豪劣绅把持县政之路。方与严在安庆居留数月，联络之事未果，却因反对派诬陷被关进了拘留所，后经各方营救才恢复自由。在苏州办学的好友汪已文闻讯立即赶到安庆看他。内战又起，长江封锁，有人造谣说他们被枪杀。中秋过后，战事缓解，方与严与汪已文先到南京拜访姚文采，再到苏州，汪已文父亲汪允中看到他们平安归来又惊又喜。原来，汪允中先生听到了他们的死讯，准备从上海乘车到南京，再转乘轮船到安庆，为他们收尸，因上海戒严未能成行，伤心凄惨，竟作哭子诗30余首。

四

到晓庄之前，方与严并不认识陶行知。1930年晓庄被封，陶行知等人遭到通缉，方与严却紧随陶行知不离不弃，常常是肚子都填不饱，其中的困难难以想象，这不能不说是精神力的伟大。这里不妨引用1931年9月27日《申报·自由谈》上陶行知的《无量之福》，看看他们的精气神。

> 一天三餐饭，吃惯了，谁也不觉得有什么稀奇。如果您今天荷包里的钱只够吃两餐或者三个人合起来只够两个人吃，那么，这饭的问题在您心里便有了新的意义。如果您能想出法子使两餐的钱够得三餐吃，两人的钱能吃饱三个人的肚子，您一定是出人意外的欢喜。去年夏天珠璎、钟灵、紫耘、佩芝、北韬，许多人和我是时常尝到这种风味。可是比一比那些啖树皮草根的同胞，真不啻是天上人间。下面是我们那时吃饭的一幅小影：三个蟹壳黄，两碗绿豆粥；吃到肚子里，同享无量福。

上海称烧饼为蟹壳黄。珠璎、钟灵、紫耘、佩芝、北韬，分别指方与严、张宗麟、曹子云、沈沛之、戴伯韬。他们流亡上海，出行不能自由，吃饭都成了问题，但是，仍然表现出革命的乐观主义精神。在南京安徽中学工读的方与严儿子方怀毅，也不得不离开南京返乡做了小学教师。1934年春节，方与严没能回家，2月18日（正月初五），儿子方怀毅写信给他，告诉他家里情况，2月25日（正月十二），方与严给儿子复信说：“我成了家庭的大罪人，我此时实无话可以对大家说了。”衰落的农村，不景气的社会，过年难，难过年，这是劳苦大众普遍的呼声。而方与严忙着工作，对于家庭经济却没有补助之能力，内心感到万分痛苦。让他庆幸的是，他的儿子相信他，支持他，还响应他的事业，不仅度过年关，还办起了民众夜校。方与严在信中写道："你接受晓庄精神的诚恳，我已和陶先生谈过。我们此时正在研究劳苦大众教育，你能来参加一些时候的共同生活，再回徽推动，这是我和陶先生所盼望的。"方怀毅收到父亲来信不久，就到上海工学团学习。同年 10 月，歙县第一工学团如期在王充开学。

五

方与严为人坦诚，他与朋友交心说："人以险诈，我以精诚胜之；人以贪污，我以廉洁胜之；人以依附，我以独立胜之；人以取巧，我以忠实胜之。"他跟朋友直言道，歙县县事不能靠县长来做，那是官治，不是民治。县长是一县人民的公仆，公仆要为全县主人尽忠服务。县长作为民众一员，要当民众的指导员，站在民众的立场上，同民众一起来干才能做得好。当县长不能逢迎长官，不能为发财，不能为出风头，要为民众服务，要使全县人民都有饭吃，都有衣穿，都有房子住，都有平等的教育。1932 年 11 月，《练江报》创刊，社长兼总编是同方与严一起"赶猪仔"的汪则孙，方与严为《练江报》写发刊祝词，希望《练江报》说大众所当说的话，消弭一切迷信的封建的恶习惯，消弭一切不劳而获的地痞、流氓、讼棍、贪官、污吏、土豪、劣绅，唤醒群众起来运用政治做徽州的主人，共同创造一个人人平等的新徽州。1934 年 6 月，《徽声日报》创刊，方与严在发刊祝词上说："《徽声日报》创办诸公，嘱于发刊之始，略贡一得之见，义正意善，何能不说！"他希望《徽声日报》能够推动时代的新潮流，推动大众成为现代的科学大众。《徽声日报》创刊半年时，方与严应约又写了《振兴徽州与工学团教育》一文。

（来源：《度假旅游》2021 年第 6 期）

陶行知与江彤侯

张卫民

1919年，陶行知力主开放“女禁”，在南京高师提出《规定女子旁听办法案》，江苏省教育会会长黄炎培、南京高师校长郭秉文等人响应支持。1920年，南京高师开放女禁，招收女生，成为我国国立大学男女同校之始。1922年，陶行知与洪范五、胡晋接、方新等人有感于家乡女子教育落后情形，倡议在徽州创办一所女子师范学校，时任安徽省教育厅厅长的江彤侯大力支持，安徽省立第四女子师范学校很快在屯溪隆阜诞生，成为徽州地区社会新女性的摇篮。

江彤侯（1880—1951），名暐，字彤侯，安徽歙县人，皖籍名士。江彤侯考中秀才后，目睹外侮日亟、国运衰危的种种情形，放弃科举来到南京，考入江南陆师学堂学习军事。1901年，江彤侯与爱国青年柏文蔚、赵伯先、汪律本等人组织革命团体“强国会”，以推翻清室、抗御外侮为宗旨。1905年，江彤侯到位于芜湖的安徽公学任教，随后参加了同盟会。1912年，江彤侯到安徽都督府任教育司司长。翌年，他跟随柏文蔚声讨袁世凯，失败后前往上海亚东图书馆。1921年，许世英为安徽省省长，江彤侯回皖担任教育厅厅长。当时，推行教育改革阻力重重，徽州属皖南山区，交通闭塞，又有“程朱阙里”“东南邹鲁”之称，上到官员士绅，下到普通民众，思想都比较保守，在徽州创办女子学校，所遇困难可想而知。江彤侯支持

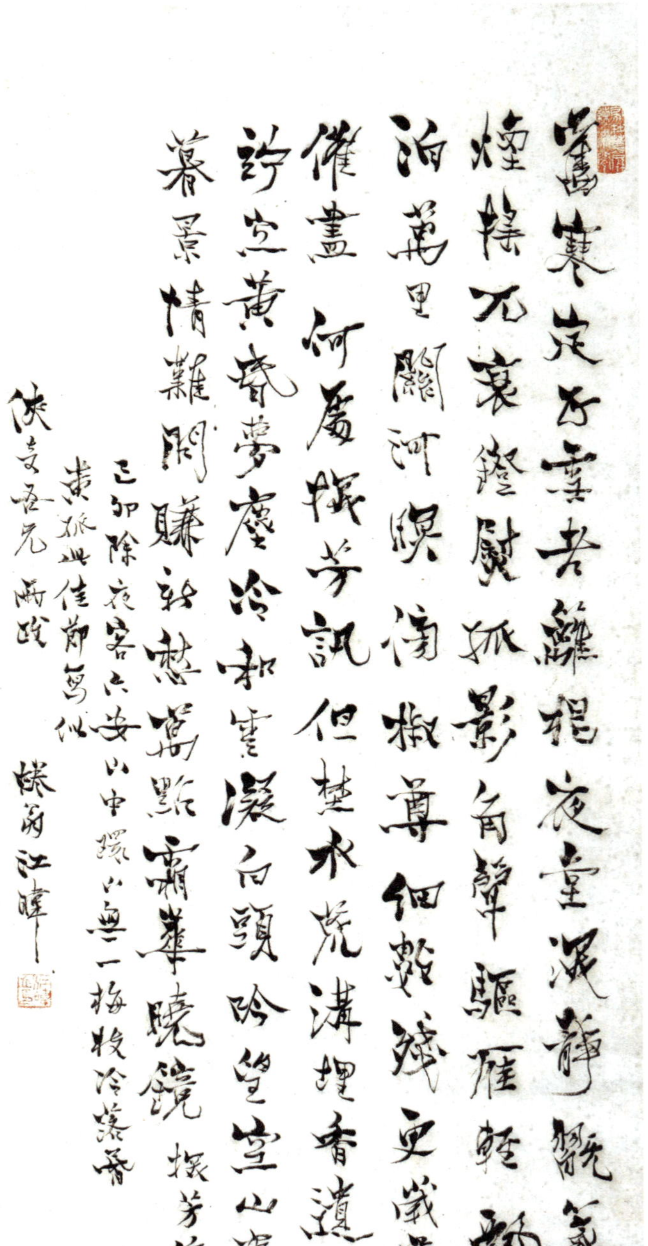

除夜客六安山中
江彤侯 / 书
63×31cm

陶行知等人倡议，在同乡之谊之外，更是他思想进步的必然选择。

陶行知主张，“要用四通八达的教育来创造一个四通八达的社会”，平民教育“就是将来普及教育的先声”，他在北平、南京动员胡适、姚文采、洪范五等同学、友人响应，在自己家里设立一个“笑山读书处”（陶行知父亲陶位朝，号笑山），江彤侯自然也是他争取的对象。江彤侯不仅支持平民教育，还要求所属职员必须读书，安徽成为陶行知推广平民教育的重点地区之一。

江彤侯在安徽公学、安徽都督府、亚东图书馆等处工作皆与陈独秀共事，江彤侯敬仰陈独秀，陈独秀关心江彤侯，两人结下了深厚的友谊。1923 年春，已是中共领导人的陈独秀安排柯庆施到安庆去工作，又写信给江彤侯，让柯庆施居住在他的官署里。柯庆施在柏文蔚出资办的《新建设日报》担任编辑工作，《新建设日报》成为宣传新三民主义和马克思主义的阵地。同年，柯庆施要去南京担任中国社会主义青年团第二次全国代表大会的会前准备工作，临行前，柯庆施去见江彤侯，建议派他到南京去考察陶行知所提倡的平民教育运动，江彤侯欣然同意。

1923 年 10 月，陶行知到安庆推行平民教育，参加安徽省平民教育促进会成立大会，被推选为该会董事。陶行知在安庆活动十余天，分别召集学校师生、公务警察、宗教人士、商董等集会，宣讲平民教育的宗旨和社会意义。在安庆各界 1.7 万人参加的平民教育集会上发表演讲，会后参加游行。11 月，陶行知在芜湖与徽州旅芜同乡共同拟定《徽州推行平民教育八条》。

与陶行知一样，江彤侯对家乡发展尤其是平民教育运动很关注，他举荐思想锐进、经验丰富、有开拓精神的汪镜人到歙县任知事。因江彤侯的赏识和举荐，1923 年 5 月，安徽省立十一师校长汪镜人到歙县担任知事。汪镜人到任不久，了解到当时歙县农村存在五大问题：一是教育，二是植树，三是种鸦片，四是赌博，五是妇女缠足。一次，他邀同几个教育界人士一起下乡，及时处理和解决实际问题。他们沿新安江而下一直到街口和歙淳边境，再折返到岔口、武阳、昌溪，然后翻过高山峻岭到磻溪、苏村、杞梓里和三阳坑，回程又到北岸、瞻淇、渔梁等村庄，前后历时 9 天，行程 400 余里。陶行知在 1923 年 11 月出版的歙县《教育月刊》第一卷第二期上看到《歙南九日讲演记》，非常高兴，1924 年 1 月，陶行知写了一封长信给汪镜人，给予赞扬和鼓励。陶行知认为，汪镜人找到了“治歙的入手要策”，下乡演讲“尤为亲民要举”，陶行知“为五十万歙民庆幸”。汪镜人在“歙民五训”中提出的观点，陶行知都十分认同。信中，陶行知还向汪镜人介绍了推广平民教育的办法。

随着时局变化，陶行知与江彤侯走向不同的道路。1930 年安徽通志馆成立，聘江彤侯为馆长。1939 年国民政府安徽省临时参议会成立，推江彤侯为议长。1949 年，江彤侯顺应时势，在屯溪劝说省政府屯溪留守处主任、保安司令部警保处长方师岳率部向中国人民解放军投诚，屯溪和平解放。与江彤侯不同，陶行知不慕官位，始终致力于教育事业，他“捧着一颗心来，不带半根草去”的为民情怀铸造了他的人格品质。江彤侯与陶行知，尽管他们的志向有别，但他们都有君子风范，十分珍惜私交友情。江彤侯年老返乡，在屯溪隆阜定居，认识他的人都很敬重他。

（来源：《黄山日报》2021 年 3 月 10 日）

陶行知与胡适逸闻

刘心村

陶行知与胡适是同乡，他们之间的感情是很好的，但在思想上则不一致。现略举数事说明之。

于出头处求自由

陶行知在所著《中国教育改造·平等与自由》中说：

> 近来我替友人书了一联“在立脚点谋平等，于出头处求自由。”上联是本着中山先生之学说，下联就是本着我的自由解释。在沪时我把这意思与胡适之先生也谈论过的。他说：“思想事业，要受困难与不自由，才能发奋振作。”颇与我们的标语“教师应当运用困难以发展思想及奋斗精神”相同。他说：“烧肉要把锅盖盖得紧，才能熟，你要出头自由，我要出头不自由。”当时我反驳他说：“（一）锅里的肉，是死的，出头不出头没有多大关系。（二）我们愿肉受压力是为肉的幸福呢？还是为我们口腹之欲呢？”凭藉困难培养人才，当然是最好的教育法。但是困难是否要在出头处压下去，是一个问题。现在我仍旧坚信出头处要自由，但为使诸同学明了各方面意见，并将胡适之先生的意思举出来，希望大家加以研究。

这些虽是向晓庄师生提出讨论的意见，但由此足见陶行知与胡适在思想上是有不同看法的。

胡适抓鬼

胡适认为中国无法兴强的主要原因是在于“贫、弱、私、愚、乱”，如果我们能够把这五个病根（即所谓“五鬼闹中华”）除掉了，中国就能兴强起来。

陶行知于1930年12月15日有诗《贺胡适先生四十岁》写道：

明于考古，昧于知今。捉着五个小鬼，放走一个大妖精。流落他乡客，围炉谈适之。各凭不烂舌，吹毛而求疵。彼今四十岁，我当进寿辞。不遑论功罪，献此逆耳诗。

陶行知自注：“贫、弱、私、愚、乱为五小鬼。大妖精指帝国主义。”陶行知认为，中国不能兴强是因为受帝国主义控制，无法掌握自己的命运。帝国主义压迫才是中国不能兴强的大病根。

飞行有感

胡适所写的《桂游小赞》云：

看尽柳州山，看尽桂林水。
天上不须半日，地上五千里。
古人辛苦学神仙，要受千日戒。
我不修不练，也凌云无碍。

陶行知以《另一看法》为题，针锋相对地批评胡适，写道：

流尽工农汗，还流泪不息。
天上不须半日，地上千万滴！
辛辛苦苦造飞机，无法上天嬉。
让你看山看水，这事倒稀奇。（还要吹牛皮）

（来源：摘自《文教资料简报》1981年第7-8期，作者：刘心村，原名刘琼瑶，晓庄师范第四期学生）

陶行知战友黟县人汪达之与杨南琛

汪如一

汪达之，1903 年 4 月 21 日出生于安徽黟县碧山村。他是伟大的人民教育家陶行知创办的南京试验乡村师范学校（即晓庄师范）的学生。曾受陶行知委托，担任晓庄师范在苏北的特约中心学校——新安小学的校长，

照片摄于 1949 年汪如一 1 岁时。当时他的父亲汪达之、母亲杨南琛已经回到淮安，正在复建新安小学。

是我国著名少年儿童革命团体新安旅行团（简称新旅）的创建者和领导者。解放战争期间，曾任苏皖边区政府教育督学，华中、华东干部子弟学校校长。

这张照片我珍藏多年，照片中的父母亲微笑地看着我、扶着我，多幸福。可这幸福来之不易啊！

本来我不想把照片“秀”出来。参加抗战的老兵多了，可歌可泣的英雄事迹更是几天几夜也说不完，作为其中平凡一员的父母亲，太普通了。

前几天观看大阅兵，看到坐在检阅车和观礼台上的抗战老兵们，浮想联翩，又想起我的父母，夜不能寐，情不自禁地想写一写他们。

我母亲生前曾对我说，“没有抗日战争，没有共产党，我和你爸绝对走不到一起”。现在想想那岂不是也没了我和我弟弟。我母亲是上海银行家的大小姐，日本留学归来。我父亲来自安徽黟县碧山村一个贫民家庭，是个乡村小学的校长，穷到吃饭都成问题。他们俩生活在两个不同的世界，却有一个共同点，那就是都爱国都坚决抗日，一心要拯救苦难深重的中国。可是国民党政府的专制和腐败无能，让他们失望。共产党有信念，廉洁奉公，受到大众拥护，让他们向往。出于知识分子忧国忧民的良知，在抗战最困难的时刻，一个从大后方广西出发，一个从日伪占领下的上海出发，都义无反顾地奔向共产党领导的新四军苏北抗日根据地。

我母亲和两名同伴在地下交通员的带领下，穿越日伪军的重重封锁，从上海到苏北，区区 800 里路竟然走了半年之久。

不说战争岁月的艰难困苦，1945 年抗战终于胜利了。父亲已经四十有二，仍孑然一身。他一直蓄须明志，言称“抗战不胜利，绝不结婚”。现在到了解决自己婚姻大事的时候了。这时他邂逅了我的母亲，第一次见到母亲，他当天就把胡子剃了。之后两人感情迅速升温，1946 年 5 月，他们在淮安河下镇的新安小学结婚了。

父亲的恩师著名教育家陶行知在南京得知消息后特地赠诗一首：“天

也欢喜，地也欢喜，人也欢喜，欢喜他和你，如鸟比翼，如枝连理，共造新家庭。相敬相爱相扶持，在学习上同心，在工作上协力，把这力光大为民主团结力。安居乐业造新邦，欢乐更无比，再进一步创造新人类。多福多寿多儿子，儿子又生孙，孙又生儿子，子子孙孙生到无限期，一半像他，一半像你。”

1947年底，重病初愈的母亲怀上了我，当时正值内战，她挺着大肚子随部队从苏北撤到山东，又从山东撤到河北，转战千里，最后在河北省一个叫响沟村的山沟里生下我。当时她已经40岁。我到现在还在庆幸自己的平安降生，一个高龄产妇，身体又不好，在动荡的战争环境里，竟然能平平安安地生下我。三年后，她又生下了弟弟。真是不可思议。她是个伟大的母亲！

这就是照片笑容后面的故事。把故事讲给大家，借此纪念我那逝世已久的父母亲，也纪念父母亲和先辈们追求真理、救国救民的往事。

（来源：《淮安新闻网》2015年9月26日）

注：汪如一，汪达之和杨南琛的大儿子。1948年生于河北故城县响沟村，后随父母到南京，1953年到北京上小学、中学。1968年到内蒙古呼伦贝尔盟插队；1973—1976年在北京钢铁学院学习；1977—1984年在北京重型机械厂任助理工程师；1986年到美国学习，获得纽约市立大学计算机硕士学位。曾在几家投资银行任IT工程师。现任美国环球理工学院教授，兼任纽约科技学院和纽约州立大学老西伯里学院大学客座教授。

新安江晨光　齐欣／摄

我与陶行知先生的一面之缘

金家骐

陶行知生于1891年，予生也晚，陶先生大我31岁。他不仅是前辈，而且是名满天下的伟大的教育家和民主斗士，被郭沫若先生尊称为“陶子”。

1931年夏，我小学毕业，已考取徽州中学（即今休宁中学）。开学前夕，因舅舅朱季恒主张，我未曾入学，改去镇江新安同乡会办的新安信用合作社当了练习生。当年在镇江经商的徽州人很多，他们组建了旅镇新安同乡会，理事长是歙籍的杨荫庭，理事有歙籍的戴舜钦、王启荣，休宁籍的黄白民、黄乐民兄弟和我舅朱季恒，还有一位常住城外田庄的婺源人詹老先生。理事会中杨荫庭年龄稍长，其余大多是40岁左右精力充沛的人。旅镇新安同乡会成立之初就一连办了四件大事：首先是建成了同乡会的会所，为一幢五开间两层楼房，还建了四户两层住宅楼。其次是成立了新安信用合作社，为同乡和邻近居民、商户办理小额借贷储蓄业务，杨荫庭兼任合作社经理，主持日常事务的是会计毕旭初，另外就是练习生我本人。再次是编辑出版了《新安月刊》，采写报道本地和苏、沪、杭各埠同乡及家乡的要闻大事，黄乐民（原《苏报》编辑）任主编。最后是创办新安幼稚园。前三项在1933年秋到1934年夏都已办妥，只幼稚园因缺乏人才稍微滞后。

据我所知，此前杨荫庭以同乡故交的关系求助于陶行知，并派出其长女杨文霞和戴舜钦之女戴映秋二人去上海，到陶行知创办的劳工幼稚园见习三个月。

桥　版画 34.5×47cm　金家骐／作

然后请陶行知的学生孙铭勋到镇江，协助创办同乡会的新安幼稚园，均蒙陶行知慨允。1934 年 10 月，同乡会商请会所后西北角的住户退租，建成幼稚园。因此户外侧围墙内有一块 10 余平方米的草地，正好可作幼儿室外运动场。幼稚园距同乡会所不足 20 米，我一有空闲便去那里看看，很快也认识了孙铭勋，听他讲了许多陶行知的事，如佘儿岗儿童自动学校、工学团与小先生制等。

是年初冬的一天，杨荫庭告知居住在会所的几位理事，陶行知近日可能来镇江查看新安幼稚园。当时陶先生改名不久，人们谈论中还常称他为陶知行，出口后又连忙改口或互相纠正称陶行知，我亲闻不下数十次。没几天陶行知果然如约到来，杨荫庭陪同他去看过了幼稚园回来，径直上楼休息，经过大厅右边合作社的护栏营业窗口时，毕旭初只立起招呼了一声，没有离座，悄悄对我说了声“陶先生”。约隔半小时，杨荫庭陪陶行知下楼，又经过护栏。陶行知略为止步，向护栏内望了一下，我紧张地站了起来，走到营业窗口，踮起脚（当年我很矮小，对护栏外的人说话老爱踮起脚），轻轻喊了声“陶先生”。杨荫庭插话：“合作社的练习生，朱季恒的外甥，小学刚毕业。”我鼓起勇气说了句：“我表弟朱似馨是您大场山海工学团的学生。”陶行知笑着点点头说：“好啊！你在这里为同乡做事，也是一面工作，一面学习啊。学会了不少吧？”我答：“我们合作社主要是对同乡开办借贷储蓄业务，储蓄有定期存款、活期存款、零存趸付等，贷款有整借整还、整借零还、抵押贷款等。”陶行知问：“什么叫零存趸付？”我答：“趸，是万字加足字，也是整的意思。”陶行知笑道：“你也是小先生啊！”我满脸通红地回答：“我连中学都没上过哩。”说着，目送陶、杨两位先生走出门去。

此事除了舅舅，我从未对人说过。但这70多年前无比珍贵的偶然一面，却使我毕生难忘！

（来源：摘自金家骐《陶行知先生诞辰一百二十周年感怀》一文，载于2011年10月17日《黄山日报》第三版）

附　录

倪畅予和徽州民国教育

倪清华

在这个微信时代，通过万能的朋友圈和微信群，你随时随地就可以看到各种自己喜欢的东西。

近日，在微信群里看到一张民国三十六年（1947）歙县女子师范学校的毕业证书。因该校的校长是倪畅予，故引起我的极大兴趣。

倪畅予其人，以前家父曾多次提及，她出自祁门倪氏贞一堂，是一位具有传奇色彩的才女，至今族人间仍口口相传她的故事。

徽州新式教育的兴起

徽州自古就是崇文重教之地，“虽十户之村，不废诵读”。在长达千余年的科举时代，徽州古代教育创造了辉煌成就。徽州最早创办的新

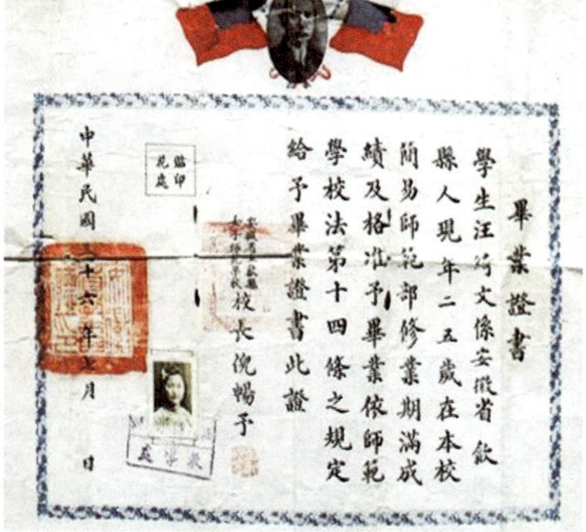
畢業證書

學生汪綺文係安徽省歙縣人現年二五歲在本校簡易師範部修業期滿成績及格准予畢業依師範學校法第十四條之規定給予畢業證書此證

臨印見處

校長倪暢予

中華民國三十六年七月　日

毕业证书｜中华民国三十六年七月（钤盖“安徽省教育厅”朱文大印）证书。左下方贴汪绮文正面照片一张，照片上有“安徽省立歙县女子师范学校教导处”长方形蓝色戳记。证书长 40.3 厘米，宽 31.5 厘米。四周蓝印扇纹边框，正上方套印有孙中山像。

式学堂是1900年由牧师唐进贤创办于歙县城内北街的崇一学堂。清光绪二十七年（1901），清政府诏令各地兴办学堂。据《安徽省教育志》记载：光绪三十年（1904），安徽省有小学堂38所，其中徽州有两等小学堂4所，分别是歙县官立两等小学堂、婺源官立城西两等小学堂、绩溪公立尚志两等小学堂、绩溪私立思诚两等小学堂。

许承尧（1874—1946），字际唐，安徽歙县唐模村人，光绪三十年（1904）甲辰恩科进士，被称为末代翰林。许承尧回乡后于光绪三十一年（1905）以歙县古紫阳书院为堂址创办了新安中学堂，附设师范科、师范传习所，许承尧自任监督。次年许承尧又办紫阳师范学堂，兼任监督。这两所学堂，开徽州现代中等教育先河。

绩溪人胡晋接是清代“礼学三胡”（胡匡衷、胡秉虔、胡培翚）之后裔。1902年他开始筹办绩溪私立思诚两等小学堂。1904年思诚两等小学堂正式开学上课，为徽州最早的学堂之一，开徽州现代小学教育之先河。

倪畅予其人其事

倪畅予原名倪润芳，祁门渚口村人，生于光绪三十年（1904）。她的伯父倪望重是同治十三年（1874）进士，历任浙江黄岩、分水、诸暨、淳安、临海知县，光绪八年（1882）浙江乡试同考官，四品衔，授中宪大夫、资政大夫。倪望重是晚清祁门渚口倪氏最重要的人物，光绪三十二年（1906）修《祁门倪氏家谱》，建“一府六县”宅邸，藏万卷书。

倪畅予的父亲倪望隆，字仲崇，号砚山，别号研珊，又号庆苏，晚号倦叟，廪贡生，候选训导。光绪甲午（1894）科乡试荐卷，援例以知县分发江西，加同知衔，晋四品衔赏戴花翎，历任江西龙南、吉水等县知县。民国后任安徽高等审判厅刑庭推事长，安徽省第一届省议员，含山县知事。

倪望隆生七子：倪启麟、倪启凤（更名起凤）、倪启鸿、倪启鸾、倪启鹗、倪启鹍、倪启鹤。倪启麟，江南高等学堂毕业生，北京大学堂文科修业生；

倪启凤，江西方言预备学堂修业、陆军学堂第三期修业；倪启鸿，安徽法政专门学校法科毕业生；倪启鸾，安徽警察传习所毕业。

倪畅予在这样的家庭长大，自幼受到良好的教育。民国九年（1920）赴安庆就读于安徽省立第一女子师范学校，这所安徽历史上著名的女子师范学校培养了众多人才，如苏雪林等。

民国十四年（1925）倪畅予考入上海大学中文系。上海大学是中国共产党主导创办并实际领导的第一所正规大学，以瞿秋白、邓中夏、蔡和森、张太雷、恽代英、任弼时、施存统、萧楚女、沈雁冰、田汉、蒋光慈等为代表的“红色教授”积极传播马克思列宁主义，使上海大学成为革命青年向往的“东南革命最高学府”，倪畅予在这里接受了马列主义思想，倾向于革命。在上海，倪畅予奉父母之命与祁门人谢仁寿结婚，但谢仁寿是富家公子，不思上进。民国十四年（1925）5月，倪畅予随同济大学爱国学生南下，逃离了封建家庭，来到当时的革命中心广州，在国共合作的国民党中央妇女部工作，结识了邓颖超。得知倪畅予刚到广州，暂无固定住处时，邓颖超就邀请她暂时住在自己家里。

1927年2月，倪畅予转入国民革命军总政治部社会股做妇女工作，随军抵达南昌、武汉，4月中旬又随部抵达上海。是时蒋介石已背叛革命，总政治部被查封，20余人被抓到龙华监狱拘留，倪畅予也在其中。旬日之后，经同志秘密援救，倪畅予被释放。

倪畅予来到武汉，于1927年6月在武汉与祁门人章建新结婚。1931年，倪畅予携子女返回徽州，在省立第四女子中学当教师，从此把精力全部投入教育事业。抗日战争爆发，倪畅予积极组织学生开展抗日救国运动。1937年12月，南京、芜湖沦陷，危及徽州，学校疏散，倪畅予辗转流离，经江西、湖南，入四川，先后在四川省夹江中学、眉山中学和成都县女子中学任教，担任过语文、历史教员和教务主任。

1943年倪畅予回到徽州后，着手筹办省立歙县女子师范学校。她曾往返数百里，穿越敌占区，前往设在皖西金寨的省教育厅筹措办学经费。1944年省立歙县女子师范学校成立，倪畅予任校长。在此期间，她还积极参加社会妇女工作，筹办屯溪战时妇女工厂，为前线抗日将士缝制军衣、军鞋，募集慰问品。1947年倪畅予调任省立宁国师范学校校长。1949年中华人民共和国成立前夕，倪畅予因患胃癌，病逝于南京。

倪畅予推行艺友制师范教育

1933年，安徽省实行新的中学教育改革方案。普通中学、师范学校、职业学校分别独立设置。原后期师范并入中学的高级师范科，恢复单独设校，由省设立；原前期师范学校及教师资格养成所，改成简易师范学校，由县设立。1935年，省教育厅制定办法，在全省推广陶行知的“艺友制师范教育”。什么是艺友制？陶行知在《艺友制师范教育答客问——关于南京六校招收艺友之解释》中说：“艺是艺术，也可作手艺解。友就是朋友，凡用朋友之道教人学做艺术或手艺便是艺友制。”艺友制的根本方法就是“教学做合一”，以师傅带徒弟，加速培养教师。简易师范学校培养简易小学、初级小学教员，学制一年。

倪畅予创办的安徽省立歙县女子师范学校即是按照陶行知的“艺友制”方针办学。歙县的汪绮文在简易师范部修业一年，准予毕业，就具有了简易小学和初级小学的教员资格。这种快速简易的培训，可以为一个百废待兴的国家培养最基层的教师，进而影响更多的民众，实现教育兴国。这是倪畅予年仅46岁生命中一个华彩的乐章。

虽然过去家谱因女性不入谱而没有记载倪畅予的事迹，但今天的《祁门县志》上有专门的倪畅予人物介绍，一个对国家民族做出贡献的人，历史终究是不会遗忘的。

（来源：《度假旅游》2021年第6期）

北大第一届女生程勤若

李　萍

2018年北京大学120周年校庆，我在徽州家中接待了从北京返回老家休养的师母——原国际关系学院教授程令杭。

提起北大，师母说，她的姑妈和伯伯、叔叔都是北大学生。她的姑妈叫程勤若，是北京大学招收的第一届女生，老家在歙县郑村镇棠樾牌坊群后面的槐塘村。

程勤若1895年生于徽州歙县，在家排行老大。中学毕业后，程勤若于1920年3月入北京大学旁听，同年秋考入北大国文系，是北京大学实行男女同读的第一届九名女生之一。

大学毕业后不久，程勤若带着陶行知先生的推荐信，回到徽州，在安徽省立第四女子师范学校任教。若干年后，程勤若又受聘于安徽省立第二中学（即现休宁中学）任教，直到中华人民共和国成立。1950年受时任徽州师范学校校长王世杰的邀请，程勤若来到了徽州师范学校，一直工作到退休。程勤若在徽州任教30余年，可谓“桃李满徽州”。

程勤若说一口标准普通话，她用优美、甜润的嗓音朗读课文、讲解作品，语调柔和、吐词清晰，将作品的语言节奏、情感旋律、场面气氛和人物个性、神态，完美糅合在一起，给学生以极大的审美享受。程勤若的一位学生说：“她上课讲解《诗经》《孔雀东南飞》，绘声绘色，声情并茂，给大家留下了非常深刻的印象。”

程勤若重视推广普通话。有一次，几位同学去她家玩，一进门就喊程老师！他们把“程”（chéng）念成“陈”（chén）。程老师笑着说：“我不姓陈！”大家愣住了，难道弄错了吗？老师见他们愣在那里，认真地说：“我这个‘程’是带后鼻音（eng）的，你们喊的那个‘陈’是没有后鼻音（en）的，所以，我不姓‘陈’，而是姓‘程’，以后不要念错了。”

程勤若在课外指导方面也有绝招。为了提高学生的写作水平，她要求各班级定期出墙报。每次作文课后，她都会挑选出一些好的习作，让学生用稿纸誊清，然后张贴在墙报园地里。这一举措收到了很好的效果：一来同学们可以互相观摩、取长补短；二来增强了大家参与和竞赛意识，激发了同学们的写作热情。

1970 年 1 月 16 日，程勤若因病在歙县人民医院逝世，终年 75 岁。程勤若一辈子没有结婚，生前将 5000 册藏书捐献给了学校。程令杭教授说：“姑妈并不主张独身主义，但她要做新女性，提倡恋爱自由，婚姻自主，提倡妇女读书，走向社会。”

程勤若有两个弟弟、一个妹妹。大弟弟程纶，1916 年就读南开中学，1923 年考取北京大学数学系，曾在武汉大学数学系任教，1953 年武汉大学院系调整，调入武汉水利电力学院数学系任副教授。小弟弟程绂，毕业于北京大学体育系，擅长短跑和跳远，曾参加过远东运动会。程勤若唯一的妹妹程兢芬，毕业于上海光华大学化学系。

一门四子，三位出自北京大学，程令杭教授开玩笑地说：“他们家可以开一所学校啦！”

（来源：《黄山日报》2018 年 9 月 7 日）

留存在隆阜古村的红色印痕

汪华红 / 文图

黄山市屯溪区隆阜村人杰地灵，历代名人辈出，清代乾嘉汉学中皖派代表人物戴震便出生在这里。隆阜古村文化资源丰富，也留存下一个个鲜为人知的红色故事。

徽州女中：颇具影响力的抗日民众团体

徽州女中是蜚声皖南的安徽省立女子中学。抗日战争开始后，不少难民流入皖南，其中有部分是学龄青少年。为了满足女青年入学的需求，1938 年秋，徽州女子初级中学改为徽州女子中学，招收高中学生。共产党员汪念萱、黄宝豫、舒素玉等先后从歙县、黟县进入徽州女中读书，她们在中共徽州中心县委的指导下，秘密建立中共徽州女中支部，支部隶属徽州中心县委领导。

根据支部分工，黄宝豫、舒素玉、汪念萱等分别在各个年级的学生中开展谈心活动，培养积极分子，提高青年学生对抗日民族统一战线和抗日救国的认识。她们组织读写会，以诗歌、散文、小品等形式，控诉侵华日军的罪行，揭露汪精卫、陈公博等人卖国投降的丑恶行径，颂扬抗日将士无畏的斗争精神；她们举办时事研讨会、读书报告会，宣传抗日救亡，激发师生爱国情感；她们利用节假日组织学生走上街头，向群众发表演讲，高唱《抗敌歌》《义勇军进行曲》《松花江上》《打回老家去》等歌曲。在她们的影响带动下，屯溪涌现出烽火读写会、光华歌咏队、艺华剧团、强华漫画队等一批抗日民众团体。

为了支援前方将士抗击日本侵略者，徽州女中教职工自愿捐出一成薪金，全校学生坚持每周素食一日，将节省下来的伙食费用以资助抗战。女中学生还发起为前方将士劝募寒衣的“千衣运动”，得到社会各界的支持。不到十日，千件寒衣的收集一举而成。

1939年春节假期，女中学生组织了20余支宣传队，赴歙县、休宁、黟县、祁门、绩溪、太平等县，开展宣传活动。她们深入乡村集镇，到居民和农户家中，与妇女们谈天，教唱抗日歌曲。她们还散发《告民众书》，号召民众有钱出钱，有力出力，以救危亡。

这年“三八”节前，学生们抓紧排练节目，准备于“三八”节上街宣传。孰料，校方以维护学校秩序为由，限制学生开展纪念活动。与校方交涉无果后，学生联名抗议。“三八”节这天，女中学生抗争成功，走出校门，在屯溪街和黎阳街开展宣传，她们刷标语、贴漫画，表演话剧、活报剧，高唱抗日歌曲。附近的居民、店员、工人以及过往行人迅速聚集数百人，人群中不时响起“打倒汉奸卖国贼”“全民族团结起来，共同抗日”“有钱出钱，有力出力，支援前方，保卫家乡”的口号。

在女中党支部秘密组织下，学生们在一个星期日，步行十多公里，到瑶溪伤兵医院慰问负伤的抗日将士，向他们赠送毛巾、牙膏、牙刷等慰问品，并为他们写家信，受到抗日将士热烈欢迎。

徽州女中师生在抗日救亡运动中做了大量工作，对推动屯溪地区抗日救亡运动的开展，起到了积极作用。

“工合”讲习班培养干部

中国工业合作协会（简称“工合”）讲习班旧址，位于隆阜紫竹园巷一民房内，即现隆阜后街36号。抗日战争时期，这里举办过工合讲习班，为浙、赣、沪等地培训了一大批“工合”人才。

1938年8月，“中国工业合作协会”总会在汉口正式成立。当时新四军军部设在皖南泾县，把“工合”办到新四军驻地去，能直接支持新四军抗战，因此新西兰人路易·艾黎建议将“工合”浙皖办事处设在安徽屯溪。1939年7月，“工合”东南区浙皖办事处在屯溪老街还淳巷5号正式成立，周恩来推荐中国茶叶公司安徽省办事处主任章秋阳（章乃器之弟，又名章郁庵，为周恩来派往皖南工作的中共党员）担任“工合”浙皖办事处主任。新四军军部派共产党员叶进明任事务员，蒋传源任技术员，侯蔚文任合作指导员。同时，办事处还在隆阜紫竹园巷一家民房内举办“工合”讲习班，章秋阳兼班主任，共产党员骆耕漠秘密担任副主任。

在骆耕漠就任前，中共中央东南局组织部部长曾山和浙江省委对办讲习班进行了研究和安排，指出讲习班学员既要公开招收，又不能乱招，主要培养组织合作社的指导员、会计员等干部。经研究决定，招生对象主要针对：一是上海方面需要转移的一些共产党员和进步青年；二是从东南局和新四军中抽出一部分到各地去的青年；三是在金华、屯溪招收的一些社会青年。招收对象须为愿意抗日救亡的进步青年。讲习班公开招收学员100多名，大都为来自各地的进步青年、中学生。同时，新四军政治部也派了一部分教导队的党员参加讲习班的学习，如宋素蝶、王一民、林小平（林敏）等。

讲习班开办的课程有合作概论、合作法规、合作指导、“工合”会计、

刘良模、周恩来、章秋阳、陆嘉书（左起）合影

机械、化工、农产品加工、冶金等，还有抗日纲领、国际形势、中国经济、军事常识等。教育方法是：教授讲课、小组讨论、组织实习、社会调查、课外活动。讲习班的训导原则是：培养每个学员养成刻苦耐劳的实干精神，养成规律的生活习惯，养成锐意进取、全心全意为人民服务的人生观，养成深入民间、深入群众的“工合”干部作风，使“工合”的经济工作为抗战服务。

讲习班结束后，学员分配到各地的“工合”组织工作，很多人成为抗日救亡运动的骨干。

隆阜老街戴氏七房厅八号楼的一组抗美援朝墙体画遗存

抗美援朝墙体画遗存增添红色文化色彩

隆阜老街戴氏七房厅八号楼的一组抗美援朝墙体画遗存，让历史文化名村隆阜再添红色文化色彩。

1950年11月下旬，屯溪市(当时建制)成立了“抗美援朝屯溪市分会”，分会在组织开展和平签名运动的基础上，采取群众喜闻乐见的秧歌、腰鼓等形式，开展“抗美援朝，保家卫国”大宣传。屯溪美协会员也积极参加，他们在市区、农村绘制展画，书写大幅标语，激发全市人民以实际行动支援抗美援朝。隆阜老街这组抗美援朝墙体画即创作于这个时期。

该组墙体画有4幅画面至今依然清晰可见，它们作为特定历史时期的政治叙事美术作品，反映出屯溪人民愤恨美帝、声讨美帝的爱国热情。

（来源：《党史纵览》2022年第11期）

孙起孟情系家乡的那些事

李 军

1980年5月，时任中国民主建国会副主席、全国工商联副主席的孙起孟收到家乡表弟汪定熙的一封家书，表达了当时“农村尚未实行田地包干到户责任制，依然吃着集体‘大锅饭’，农业生产上不去，农民日子很艰难”的状况。孙起孟收到信感慨万分，立即去信：“我幼年离开商山，已六十余年，如果不经来函介绍，很多情况都不了解。信中说及家乡生产暂时停滞不前，生活有一定困难；但诚如所云，有优越的社会主义制度，有党的正确领导，情况一定会逐渐改善。现在的关键是大家要坚定这样的信心，共同努力……”

自从收到家书后，孙起孟对家乡的思念愈发浓烈。终于在1985年5月19日以74岁高龄偕夫人王之慧回到了故乡。他离乡多年，但仍能说一口地道的家乡话。当日，孙起孟健步登上“登封桥”，手撑雨伞，拄着竹杖，沿着齐云山九里十三亭山道，拾级而上。经过“一天门”“南天门”，上了月华街，重点考察了太素宫在“文革”中被毁的现场，孙老心情沉重，难以平静。随后他访问了老道长詹岩福。在香炉峰景区前拍了一张照片留作纪念。

从休宁回北京后，孙起孟念念难忘回乡时种种。1986年5月13日，孙起孟提笔撰写了《抒乡恋》，以志怀念故乡之情：“去年因工作之便，回到阔别六十余年的故乡——休宁。时间尽管短暂，但给我留下非常美好的印象。据介绍，休宁文物古迹不少，我未及一一参观，只是攀登了童年就听说的齐云山。它是全国道教四大名山之一，果然景色诱人。如能使之与黄山、九华山、太平湖蔚成三山夹一湖的格局，必将为整个皖南旅游倍增妖娆。我登齐云山那天不巧下雨，未能饱览它的全貌，至今憾之。”

1989 年 10 月 14 日，时任全国人大常委会副委员长的孙起孟携夫人再度回乡，考察农科教统筹和农村教育改革，并走访了农科教结合工作搞得很有特色的溪口职业中学和学校的林木苗圃。他对陪同的该校校长说：“十年树木，百年树人。你们农科教统筹结合的做法很好，它展示了我国农村深化改革，特别是农村教育改革的有效途径和有益经验。”后来，孙起孟上书中央，把安徽农科教由“科技兴农”完善为“科教兴农”，引起中央高度重视并被采纳，写进中央有关文件。

1992 年，邓小平同志南方谈话后，休宁县提出和周边地区谋划联动发展的战略，并与开化、婺源、屯溪三区县联办《边界经济报》。孙起孟听闻，欣然为该报题写报头，并鼓励要好好发展。9 月 10 日，《边界经济报》试刊号问世，11 月 1 日正式创刊。

1993 年 7 月，孙起孟得知家乡连遭洪灾，十分痛心，先后两次来电，对家乡受灾干部群众表示亲切慰问。

1995 年，休宁决定修建商山大桥，建成后，商山大桥将成为瑶溪、新雁、金竹、双桥、阜田等行政村 1 万多人的重要通道。孙起孟听闻后，率领两个女儿捐款 2000 元，以表达对家乡建设发展的支持。大桥建成后，又亲笔题字“商山大桥”，那隽秀有力的四个大字，浸透着老人对休宁的款款深情。

20 世纪 90 年代，孙起孟还积极牵线搭桥，促成商山乡 223 名青年赴广东打工，开创了休宁县政府部门组织劳务输出的先河。

从 1985 年重新踏上徽州故土以来，孙起孟对家乡建设发展的关注和推动就从未停止过，始终保持与家乡的信件往来。这是一个徽州老前辈对徽州故乡的深情、对徽州文化的信心和厚望，永远激励着故乡人为中国梦努力前行。

本色人生朱小蔓

张俊杰 / 文图

因为陶行知研究，我认识了朱小蔓。

2008 年秋天，朱小蔓担任中国陶行知研究会会长不久，来我市参加黄山学校建校十周年庆典，并在大会上发表了热情洋溢的讲话。此时的朱小蔓秀丽高雅，言谈真诚、和气、睿智。那是我第一次见到朱小蔓，有交流但不多。

第二年也是秋天，小蔓与他先生一道来黄山考察陶研工作，我是黄山市陶研会副会长兼秘书长，于是有了两天的全程陪同经历。她先生或许是第一次来徽州，听我介绍时很是专注，小蔓则不时补充一下。我惊讶她对徽州怎么这样熟悉。她笑着说：“我是在休宁插队的，休宁是我的第二故乡。而且我祖籍就是歙县，只是不知道在哪个村子了。”小蔓说，她从小在南京长大，小时候常有老家的远亲来做客。1968 年选择到休宁插队，就是因为休宁有老亲戚，父母亲放心一些。

按小蔓的意见，我们第一天就去了休宁，考察了休宁县木工学校。小蔓详细询问了学校的招生、教学、就业情况，非常赞赏学校的改革创新举措。她说，休宁是农科教的发源地，其影响遍及全国，希望继续努力，继续践行陶行知教育思想，为职业教育改革发展做出新贡献。时任市政协副主席、休宁县委书记的胡宁同志介绍了县情，对朱会长访问第二故乡表示欢迎。

我注意到，踏上休宁的土地，小蔓偶尔会陷入沉思，似乎是在回忆逝去的往事，又似乎是在极力寻找当年的影像。可惜时间有限，没有来得及去万安老街走一走。第二天我们去了汤口，那时汤口镇已建立了陶行知研究会，汤口镇的山岔村还成立了全国第一个村级陶研会，提出了学陶师陶、建设社会主义新农村的目标。在山岔村的翡翠新村，看到农民们住上了一栋一栋的小别墅，小蔓笑得特别灿烂，有朋友抢拍下了这一美好瞬间。那天我请朱会长为《求真》写几句赠语，她爽快地答应了，写下“教人求真，学做真人——为求真学刊创刊周年题”的题词，还注明了时间：2009 年 7 月 23 日。

又过了两年，2011 年 10 月 18 日，民盟中央和中国陶行知研究会在北京举行座谈会，纪念陶行知诞辰 120 周年。我有幸作了大会发言，陶行知孙女陶铮代表亲属讲话。散会后，我主动向朱小蔓会长致意问好，我们在会堂内说了一会儿话。此后，在参加中国陶行知研究会的活动时又匆匆见过几次，工作上也一直有联系。因为黄山市的陶研实践比较突出，又是陶

行知故乡，小蔓对我市陶研工作给予了更多的关心支持，也给予了更高的期望。歙州学校前往拜访她时，她在百忙之中抽出时间热情接待，勉励学校在取得全国陶研先进集体的基础上，再接再厉，再创新业绩。她的平易近人，给大家留下了深刻的印象。

小蔓会长对我个人也十分关心。2015 年 10 月 17 日，她在纪念中国陶行知研究会成立 30 周年大会上，回顾了 30 年来全国及各地的陶研工作，并列举了全国 32 位陶研专家、学者的名字，没承想我的名字也列入其中。或许是因为我 1986 年从事陶研工作后从未间断，时间较长，又或许是我的陶研论文两次获得省政府社会科学优秀成果奖的缘故。我把这荣誉看成是小蔓会长对我的鼓励和鞭策。

熟悉小蔓的人都说，朱小蔓是官员却没有官员的架子，她钟情教育、热爱陶研，在患病的几年里，还一直在为中陶会的工作操劳忙碌，她为中国陶行知研究事业做出的贡献，将永远被人们所铭记。她以自己的教育才华、人格魅力书写出令人称道的本色人生！

（来源：微信公众号“六〇后”）

朱小蔓（1947.12—2020.8.10），女，江苏南京人，中共党员，博士，北京师范大学教育学部教授、博士生导师。俄罗斯教育科学院外籍院士，中国陶行知研究会会长。曾任联合国教科文组织国际农村教育研究与培训中心主任、中央教育科学研究所所长兼党委书记、南京师范大学副校长等职务。作为我国当代情感教育研究的开拓者和实践者，长期以来，朱小蔓教授在实践中结合哲学架构与科学意识，用现代科学方法综合考察教育问题，在情感教育、道德教育等领域提出了许多中国特色的原创性理论并付诸实践，产生了深远影响。

陶行知及其友人徽州教育遗存地图

01 黄宾虹故居
02 胡晋接故居
03 胡适故居
04 歙县行知小学
05 安徽省行知学校
06 徽州区呈坎溹川小学
07 徽州知行园
08 徽州师范学校
09 西溪南伊坑小学
10 屯溪一中
11 屯溪区隆阜村
12 省立第四女子师范学校（同 11）
13 隆阜老街（同 11）
14 祁门渚口倪畅予故居
15 茶商崇正学堂原址（屯溪二中）
16 休宁县万安镇
17 安徽省立第二师范学校（现休宁中学）
18 黄山行知亭
19 戴震公园（原名华山）
20 屯溪柏山皖中旧址
21 万安吴尔宽私塾（同 16）
22 屯溪老街还淳巷
23 洪范五故居
24 歙县雄村航埠头
25 西溪南镇竦塘村（同 09）
26 歙县西干山（同 05）
27 歙县中学（古紫阳书院）（同 05）
28 黟县碧山村汪达之故里
29 歙县深渡镇九砂村姚文采故里
30 休宁县蓝田镇西村金鸣岐故里

1 崇一学堂与陶行知纪念馆
2 陶行知故里黄潭源村
3 张曙故居
4 汪采白家族与不疏园
5 周诒春故居
6 方梦樵故居
黄山区
黄山风景区
黟县
徽州区
歙县
屯溪区
休宁县

后记

本书文章主要来源于报纸、学报、陶研刊物，为20世纪80年代以来陶研学人公开发表的文章。由于时间跨度大，编辑在审读、加工过程中，对一些文章作了修改或删减，以保持全书内容的统一。“创意黄山”委员工作室和文化智库志愿服务团队对本书所列的遗存进行了调研和实地考证。本书从2021年3月出初稿清样，到2024年3月定稿，历时3年整，编者的主要精力即用在史料的甄别和考订上。在此，需要感谢黄山书社孙文波、张向奎对本书出版的大力支持，感谢本书责任编辑向焱老师的悉心指导和热心关爱。

本书在编撰出版过程中，得到了黄山市人大、黄山市政协、黄山市委组织部、黄山市委宣传部、黄山市直机关工委、黄山市委党校、黄山市社科联、黄山市文联、黄山市委党史和地方志研究室、黄山市文旅局、黄山市教育局、黄山市档案局、民盟黄山市委陶行知支部、黄山日报社、黄山市图书馆、屯溪区文联、屯溪区委党史和地方志研究室、安徽省陶行知纪念馆、休宁县文旅体局、休宁县委党史和地方志研究室等单位领导和专家的支持和关心；东南大学、黄山风景区党工委、休宁中学、绩溪县文物局、安徽省行知学校、徽州师范学校为本书提供了史料或稿件；陶侃先生亲任本书编委会顾问，并在百忙之中为本书提笔作序；肖磊先生为本书精心勾勒文化地图；徐荣华先生、胡建斌先生、汪明洁先生、倪文华先生、田民和先生、丁新志先生、胡灵女士、吴成红先生、刘斌先生、张玲女士、方利山先生、陈平民先生、杨永生先生、张俊杰先生、左和平先生、陈政先生、方光禄先生、汪顺生先生、倪清华先生、盛学峰先生、徐子杭先生、汪太戈先生、汪晓东先生、曹呈锋先生、汪华红先生、方鹤影先生、李军先生、张卫民先生、张梦星女士、叶勤先生、李项鸿先生、王良军先生、赵新宇先生、孙梅森先生等多次为本书编辑出版给予了建议和指导；本书作者或作者亲属还无偿提供文章和图片的支持（注：书中部分图片和文字来源于网络，如涉及版权，请及时联系）；程道宣同志提供其父程管侯1954年亲笔撰写的《自传》，为确认陶行知先生辛亥革命后返乡参加屯溪阳湖余家庄起义这一史实提供了第一手材料；黎小强先生为本书撰写序言，倾情阐释本书编撰之良苦用心；汪华红先生为本书统稿、把关，使得本书得以顺利出版，在此一并表示诚挚的谢意和由衷的感谢！

本书的编撰受限于资料搜集和学养限制，难免有错漏之处，敬请读者批评指正。

《遇见陶行知》编委会

2024年3月

陶行知

程管侯

周诒春

程修兹

洪范五

汪采白

姚文采

胡适

朱家治

胡晋接

许士骐

张曙

汪达之

方与严

叶元龙

施廷镛

汪邦嵘 姚文采 汪邦钊
程祖贻 章文美 汪邦镐 方竹如
汪嵩祝 汪采白 程家庚
汪邦祁 汪鸿熙 汪邦钧
胡适 朱家治 张枝一
章文启 江粹青
洪范五

陶位朝
唐进贤 章觉甫
吴尔宽 王藻
方庶咸 严达 程朗斋
周诒春

陶行知

陶文渼
金鸣岐
程勤若
金引璋

程修兹
叶元龙 黄炎培 程宗泗
汪达之
方新 许士骐
罗运机
方与严 吴筱竹
施廷镛 程管侯 张曙
方梦樵

偉大的

民教育家
行知先生
1—1946